A ARTE DA PRUDÊNCIA

Baltasar Gracián

A arte da prudência

Oráculo de bolso

TRADUÇÃO
JULIANA AMATO

AUSTER

A arte da prudência: oráculo de bolso
Baltasar Gracián
1ª edição — agosto de 2020 — CEDET
Oráculo manual y arte de prudencia — sacada de los aforismos que se discurren en las obras de Gracián (conforme o texto de Amsterdã, 1659, reproduzido em *Tratados*, edición de Alfonso Reyes, Madri: Casa Editorial Calleja, 1918).

Os direitos desta edição pertencem ao
CEDET — Centro de Desenvolvimento Profissional e Tecnológico
Rua Armando Strazzacappa, 490
CEP: 13087-605 — Campinas–SP
Telefones: (19) 3249–0580 / 3327–2257
e-mail: livros@cedet.com.br

Editor:
Felipe Denardi

Tradução:
Juliana Amato

Revisão e preparação:
Natalia Ruggiero
Vitório Armelin

Capa:
Vitório Armelin

Diagramação:
Mariana Kunii

Revisão de provas:
Beatriz Mancilha
Tomaz Lemos Amaral

Conselho editorial:
Adelice Godoy
César Kyn d'Ávila
Silvio Grimaldo de Camargo

Reservados todos os direitos desta obra. Proibida toda e qualquer reprodução desta edição por qualquer meio ou forma, seja ela eletrônica ou mecânica, fotocópia, gravação ou qualquer outro meio de reprodução, sem permissão expressa do editor.

Sob responsabilidade da editora, não foi adotado o Novo Acordo Ortográfico de 1990.

Sumário

1. Cada coisa tem a sua perfeição, e a mais elevada é a formação do próprio ser como pessoa   21
2. Gênio e engenho   21
3. Faça tudo com suspense   21
4. O saber e a coragem se alternam na grandeza   22
5. Fazer depender   22
6. O homem em seu auge   23
7. Tolerar as vitórias do patrão   23
8. Homem sem paixões, eis a maior grandeza de ânimo   24
9. Desmentir a reputação de seu país   24
10. Fortuna e fama   25
11. Conviver com aqueles de quem possa aprender   25
12. Natureza e arte, matéria e trabalho   26

13. Agir com intenção, seja a segunda ou a primeira 26
14. A realidade e o modo 27
15. Habilidades auxiliares 27
16. Saber com reta intenção 28
17. Variar o tom ao falar 28
18. Determinação e criatividade 29
19. Não começar com muita expectativa 29
20. O homem em seu tempo 30
21. A arte da boa-sorte 31
22. O homem de boas conversas 31
23. Não ter nenhuma mácula 31
24. Moderar a imaginação 32
25. Bom entendedor 32
26. Descubra o ponto fraco de cada um 33
27. Mais vale a intensidade que a extensão 33
28. Em nada vulgar 34
29. Homem de inteireza 34
30. Não professar excentricidades 35
31. Aproximar-se dos afortunados, fugir aos desafortunados 35
32. Atrair bons julgamentos 36
33. Saber abster-se 36

34. Conheça seu maior atributo 37
35. Pensar sobre tudo, mas mais sobre o que mais importa 37
36. Calcular a sorte 38
37. Conhecer e saber usar as insinuações 38
38. Enquanto lhe sorri a sorte, permaneça 39
39. Reconhecer as coisas em seu ápice, na ocasião apropriada, e saber aproveitá-las 40
40. Conquistar a afeição alheia 40
41. Nunca exagerar 40
42. Autoridade natural 41
43. Sentir com poucos, falar com muitos 41
44. Simpatia com os grandes homens 42
45. Usar — sem abusar — das reflexões 42
46. Corrigir sua antipatia 43
47. Fugir dos conflitos 43
48. Homens de essência, homens melhores 44
49. Homem de juízo, homem que observa 44
50. Nunca perca o respeito por si mesmo 45
51. Homem de boas escolhas 45
52. Nunca se descomponha 45
53. Diligente e inteligente 46

54. Ser enérgico com equilíbrio 46
55. Saiba esperar 47
56. Tenha bons reflexos 47
57. Mais confiantes são aqueles que pensam 48
58. Saber moderar-se 48
59. Homem de bom gosto 49
60. Bons ditames 49
61. Eminência no que mais importa 49
62. Produzir com bons instrumentos 50
63. A excelência de ser o primeiro, que é dobrada pela eminência 50
64. Saiba evitar os pesares 51
65. Gosto elevado 51
66. Atenção para que as coisas saiam bem 52
67. Prefira ocupações grandiosas 53
68. Ofereça os seus conhecimentos 53
69. Não se render ao mau humor 54
70. Saber negar 54
71. Não ser inconstante 55
72. Homem de decisão 56
73. Saber ser evasivo 56
74. Não ser intratável 56

75. Ter um ideal heróico 57
76. Não viver na zombaria 57
77. Dar-se bem com todos 58
78. A arte de tentar 58
79. O gênio divertido 59
80. Atenção ao informar-se 59
81. Renove seu esplendor a cada dia 60
82. Não viva nos extremos 60
83. Permita-se algum deslize venial 61
84. Saiba usar os inimigos 61
85. Não seja um coringa 62
86. Cuidado com as más-línguas 62
87. Cultura e alinho 63
88. Seja o bom trato abundante 64
89. Compreensão de si mesmo 64
90. A arte da longa vida 65
91. Agir sem escrúpulos de imprudência 65
92. Sentido transcendente 66
93. Homem universal 66
94. Que não o conheçam profundamente 66
95. Saiba manter a expectativa 67
96. A grande sindérese 67

97. Alcançar e conservar a reputação — 68
98. O controle da vontade — 68
99. Realidade e aparência — 68
100. Homem sem ilusões, sábio cristão, filósofo cortês, mas não parecê-lo — 69
101. Metade do mundo ri-se da outra, pela tolice de todos — 69
102. Estômago para grandes bocados de fortuna — 70
103. Cada um tem a majestade à sua maneira — 70
104. Compreenda as diferentes ocupações — 71
105. Seja breve, não canse — 71
106. Não exiba a fortuna — 72
107. Não se demonstrar orgulhoso de si — 73
108. Atalho para a excelência: saber relacionar-se — 73
109. Não seja um acusador — 74
110. Não esperar o Sol se pôr — 74
111. Tenha amigos — 75
112. Conquiste a afeição pura — 75
113. Enquanto houver prosperidade, previna-se para as adversidade — 76
114. Evite a rivalidade — 76

115. Aceitar as más condições dos outros — 77
116. Lidar sempre com gente de palavra — 77
117. Nunca falar de si — 78
118. Ganhar a fama de cortês — 78
119. Não ser malquisto — 78
120. Viver com praticidade — 79
121. Não fazer muito caso do que não é nada — 80
122. Respeitável no dizer e no fazer — 80
123. Não ser afetado — 81
124. Fazer-se desejar — 81
125. Não busque a fama na infâmia alheia — 82
126. Não é tolo o que age com tolice, mas aquele que não a sabe encobrir — 82
127. Elegância natural — 83
128. Grandeza de alma — 83
129. Nunca se queixar — 84
130. Fazer e fazer parecer — 84
131. Seja sempre cavalheiro — 85
132. Pensar duas vezes — 85
133. Antes louco acompanhado que sábio sozinho — 86
134. Dobrar os requisitos da vida — 86
135. Não tenha espírito de contradição — 87

136. Aprofunde-se nos temas 87
137. O sábio basta-se a si mesmo 88
138. A arte de deixar estar 88
139. Reconhecer os dias ruins, eles existem 89
140. Veja o bem em cada coisa 89
141. Não fale só para si mesmo 90
142. Nunca tome o pior partido 91
143. Não crie paradoxos para fugir do comum 91
144. Apóie o alheio para alcançar o próprio 92
145. Não exponha as suas fraquezas 92
146. Olhar por dentro 93
147. Não seja inacessível 93
148. A arte da conversação 94
149. Saber transferir os males a outro 95
150. Saiba vender as suas coisas 95
151. Pense antecipadamente 96
152. Não andar acompanhado por quem o ofusca 96
153. Fuja de preencher grandes vazios
deixados por alguém 97
154. Não se apresse nem no crer, nem no escolher 97
155. A arte de apaixonar-se 98
156. Selecionar os amigos 99

157. Não se iludir com as pessoas — 99
158. Saber usar dos amigos — 100
159. Saber tolerar os tolos — 100
160. Falar com atenção — 101
161. Conheça os seus doces defeitos — 101
162. Triunfar sobre a rivalidade e a maledicência — 102
163. Por compaixão pelo infeliz, nunca incorrer na desgraça do afortunado — 102
164. Deixar algumas coisas no ar — 103
165. Fazer a boa guerra — 103
166. Diferenciar o homem de palavras e o de ações — 104
167. Saiba ajudar-se — 105
168. Não se renda aos monstros da tolice — 105
169. Não erre uma, mesmo ao acertar cem — 105
170. Guarde uma reserva de todas as coisas — 106
171. Não gaste favores — 106
172. Não se comprometa com quem não tem nada a perder — 107
173. Não seja frágil como o vidro — 107
174. Não se apresse — 108
175. Homem de substância — 108
176. Escute sempre aquele que sabe — 109
177. Evite intimidades no trato — 110

178. Escute o seu coração 110

179. O silêncio é o selo da capacidade 111

180. Não use a medida do inimigo 111

181. Sem mentir, não dizer toda a verdade 112

182. Um grama de audácia para se manter sensato 112

183. Sem opiniões obstinadas 113

184. Não seja cerimonioso 113

185. Não arrisque tudo em uma única jogada 114

186. Conhecer os defeitos 114

187. O favorável, faça você; o odioso,
    deixe com outro 115

188. As boas palavras 115

189. Valer-se da necessidade alheia 116

190. Em tudo encontre consolo 116

191. Não se fie de muita cortesia 117

192. Homem de grande paz, homem de muita vida 117

193. Atenção a quem entra com a alheia
    para sair com a sua 118

194. Consciência de si e de suas coisas 118

195. Saber estimar 119

196. Descubra a sua estrela 119

197. Nunca envolver-se com os tolos 120

198. Saber transplantar-se 120

199. Que lhe vejam como sensato,
 não como intrometido 121
200. Ter o que desejar 121
201. Todos os que parecem tolos o são,
 e a metade dos que não parecem 122
202. Ditos e feitos fazem nobres varões 122
203. Conhecer as eminências de seu século 123
204. O fácil será difícil, e o difícil, fácil 123
205. Saber usar do desprezo 123
206. Está o vulgo em todas as partes 124
207. Usar os boatos 125
208. Não morrer de um ataque de tolice 125
209. Livrar-se das tolices ordinárias 126
210. Saber julgar a verdade 126
211. No Céu 127
212. Reserve sempre as últimas artimanhas da arte 127
213. Saber contradizer 128
214. Fazer duas tolices de uma 129
215. Atenção a quem chega com segundas intenções 129
216. Falar com clareza não só por desenvoltura,
 também pelo conceito 130
217. Não amar ou odiar eternamente 130
218. Nunca agir por teimosia, mas por reflexão 131

219. Que não o tenham como homem
de artifícios … 131
220. Se não pode vestir-se na pele do leão,
vista-se na da raposa … 132
221. Não seja agressivo para não
prejudicar-se a si mesmo … 132
222. Homem contido, prudência evidente … 133
223. Não ser demasiado excêntrico … 133
224. Saber receber as coisas, nunca com repulsa … 133
225. Conheça o seu principal defeito … 134
226. Atenção ao obrigar … 134
227. Não se fie às primeiras impressões … 135
228. Não seja maledicente … 136
229. Saber repartir a sua vida … 136
230. Abrir os olhos com o tempo … 137
231. Não fazer as coisas pela metade … 137
232. Ter algo de negociante … 138
233. Não errar o gosto dos outros … 138
234. Não se comprometa com quem não
se compromete … 139
235. Saber pedir … 139
236. Dar antes como favor o que seria prêmio depois … 140
237. Nunca compartilhar segredos com os superiores … 140

238. Conhecer as peças que lhe faltam — 141

239. Sem demasiada agudeza, mais importa a prudência — 141

240. Saber usar de sua tolice — 142

241. As burlas, sofrê-las, mas não usá-las — 142

242. Ir até o fim — 143

243. Não seja pura bondade — 143

244. Dívida e favor — 144

245. Discorrer sobre o que é único — 144

246. Nunca dê satisfação a quem não pediu — 145

247. Saber um pouco mais e viver um pouco menos — 145

248. Que não lhe guiem as novas — 146

249. Não começar a viver por onde deve terminar — 146

250. Quando expor a opinião contrária? — 146

251. Buscar-se os meios humanos como se não houvesse os divinos, e os divinos como se não houvesse os humanos — 147

252. Nem tudo a si, nem tudo aos outros — 147

253. Não explique suas idéias tão claramente — 148

254. Não desprezar o mal por pequeno que seja — 148

255. Fazer o bem, pouco, e muitas vezes — 149

256. Prevenir-se contra os grosseiros, vaidosos, obstinados, e todo tipo de tolos — 149

257. Nunca romper totalmente 150
258. Buscar quem o ajude a afastar infelicidades 150
259. Prever as injúrias e virá-las a seu favor 151
260. Não seja tudo para alguém, não seja alguém tudo para si 151
261. Não persistir nas tolices 152
262. Saber esquecer 152
263. Desfruta-se mais do que se gosta quando não o possui 152
264. Não tenha dias de descuido 153
265. Saber motivar os dependentes 153
266. Não seja mau de tão bom 154
267. Palavras de seda, conduta suave 154
268. O sensato faz no princípio o que o tolo deixa para o fim 155
269. Valha-se da novidade 155
270. Não condenar sozinho o que a muitos agrada 156
271. Aquele que pouco sabe siga sempre o que for mais seguro 156
272. Vender a preço de cortesia 157
273. Compreensão dos gênios com os quais se trata 157
274. Cultive a atração, um feitiço politicamente cortês 158
275. Corrente, mas não indecente 158

276. Renove o gênio com a natureza e a arte 159
277. Homem de ostentação 159
278. Não fazer-se notar em tudo 160
279. Não dizer ao contradizer 161
280. Homem de lei 161
281. Ganhe a graça dos sábios 162
282. Usar da ausência 162
283. Inventividade e bom-senso 163
284. Não seja intrometido e não será ofendido 163
285. Não perecer da desgraça alheia 164
286. Não se comprometa com tudo 164
287. Nunca agir apaixonado 164
288. Viver a ocasião 165
289. O maior descuido de um homem é demonstrar que é homem 165
290. É felicidade unir apreço e afeto 166
291. Saiba fazer tentativas 166
292. Que o respeitem pelas virtudes, não pelo cargo 167
293. Da maturidade 167
294. Moderação nos sentimentos 168
295. Mais fazer do que falar 168
296. Homem de virtudes e majestade 169

297. Comportar-se como se o observassem ... 169
298. Três coisas fazem um prodígio ... 169
299. Deixar querendo mais ... 170
300. Em uma palavra, santo ... 170

1. *Cada coisa tem a sua perfeição, e a mais elevada é a formação do próprio ser como pessoa*; requer-se mais para formar um sábio hoje do que antigamente para formar sete; e mais sapiência para lidar com um só homem destes tempos do que com todo um povo do passado.

2. *Gênio e engenho*. São os dois eixos para sobressair-se em seus feitos; um sem o outro é apenas meia felicidade. Não basta ser douto, deseja-se a genialidade; é dos tolos a tristeza de errar a vocação em seu estado, em seu ofício, em sua região, em suas relações.

3. *Faça tudo com suspense*. A admiração pela novidade é o que agrada nos acertos. Jogar o jogo com as cartas à mostra não é útil, nem traz satisfação. O silêncio cria suspense, e especialmente quando a sublimidade de seu emprego gera aquela expectativa universal, tudo se enche de mistério e provoca a veneração. Até mesmo ao explicar-se, evite a total familiaridade; no trato pessoal, não ofereça a todos participar de seu

interior. O silêncio reservado é a mais sagrada sensatez. A intenção declarada nunca é estimada; antes, acaba recebendo censura. Se escapa por um triz, será duas vezes infeliz. Que se imite, pois, a divindade, que com seu mistério atrai do homem a atenção e o desvelo.

4. *O saber e a coragem se alternam na grandeza*; por serem imortais, em imortais transformam. Somos aquilo que sabemos, e o sábio tudo pode. Homem sem conhecimento, mundo de escuridão. Conselho e forças, olhos e mãos; sem valentia, a sabedoria é estéril.

5. *Fazer depender*. Não chega ao númen quem o doura, mas quem o adora. O sábio é aquele que admira mais os que dele necessitam do que os que o agradecem. É injusto com a esperança cortês confiar no agradecimento vil, pois enquanto aquela é duradoura, este logo se esquece. Mais substância há na dependência do que na cortesia; o satisfeito logo dá as costas à fonte, e a laranja sem sumo vai do ouro à lama. Finda a dependência, encerra-se a correspondência, e com ela se vai a estima. Que seja a primeira lição, a partir da experiência, manter viva a esperança, entretê-la sem satisfazê-la, conservando-a consigo para que seja sempre necessária, mesmo ao

coroado patrão; porém, não se deve chegar ao extremo de calar para provocar equívocos, tampouco causar um mal irreparável a outrem em proveito próprio.

6. *O homem em seu auge*. Não se nasce pronto: aperfeiçoa-se a cada dia, como pessoa, com empenho, até que se chegue ao ápice do ser consumado, complementado pelas virtudes, pelas grandezas: conhecer-se traz a excelência do gosto, o cultivo da inteligência, a maturidade do juízo, a limpeza da vontade. Alguns nunca chegam à plenitude: sempre lhes falta algo; outros tardam em fazê-lo. O homem consumado, sábio em palavras, sensato em ações, é não só admitido, mas desejado no estreito círculo dos espíritos mais elevados.

7. *Tolerar as vitórias do patrão*. A vitória é o ódio do vencido; e se vence o mais forte, é fatal. A superioridade foi sempre desprezada, ainda mais a de seu superior. Vantagens vulgares servem para dissuadir a atenção: como desmentir a beleza com o desalinho. Bem estará aquele que quiser renunciar à fortuna e ao gênio; mas ao engenho, ninguém, menos ainda uma soberania: este é o atributo-rei e, assim, qualquer crime contra ele é crime de lesa-majestade.

São soberanos, e querem sê-lo em tudo. Os príncipes gostam de ser ajudados, mas nunca superados, e que o aviso pareça antes o aviso a quem o esqueceu do que àquele que não o compreendeu. Por acaso, ensinam-nos essas sutilezas os astros: ainda que brilhantes, não se atrevem a desafiar o Sol.

8. *Homem sem paixões, eis a maior grandeza de ânimo*; sua própria superioridade o redime da submissão às impressões passageiras e vulgares. Não há maior senhorio que o de si mesmo e de seus afetos, o triunfo do arbítrio. E quando a paixão lhe dominar, não ceda, menos ainda quando for intensa: assim evitará os desgostos, e fará crescer a reputação.

9. *Desmentir a reputação de seu país*. A água carrega as qualidades boas e ruins dos seixos por onde passa, e o homem as do lugar onde nasce. Alguns devem mais à sua pátria que outros, pois se favoreceram quando ela estava em seu apogeu. Não há nação que escape de algum defeito original, mesmo as mais cultas, que censuram as demais por defesa ou consolo próprio. Destreza vitoriosa é corrigir, ou pelo menos contornar, as máculas nacionais. Assim obterá o crédito plausível de ser único entre os seus, pois onde viam um defeito, fará com que vejam uma virtude. Existem também os defeitos da família, do estado, do trabalho e da idade: se recaem todos sobre o mesmo sujeito, e não são reprimidos com firmeza, criam um monstro insuportável.

10. *Fortuna e fama*. O que uma tem de volúvel tem a outra de constante. A primeira para viver, a segunda para depois da vida; aquela contra a inveja, esta contra o esquecimento. A fortuna se deseja, se facilita por meio de ações; a fama se busca, se diligencia. O desejo de reputação nasce da virtude; a fama foi e é irmã de gigantes, anda sempre nos extremos: monstros ou prodígios, asco ou aplauso.

11. *Conviver com aqueles de quem possa aprender*. Que as suas relações sejam uma escola de erudição, que as conversas sejam ensinamentos. Faça de seus amigos seus mestres, incorporando a arte de aprender ao gosto de conversar. Alterna-se o deleite dos entendidos: quem diz obtém aplauso; quem ouve, ensinamentos. É comumente a conveniência que nos conduz uns aos outros, neste caso de um tipo mais alto: o atento freqüenta a casa daqueles que são mais teatros do heroísmo que palácios da vaidade.

Há senhores, conhecidos por sua discrição, que, além de serem eles mesmos oráculos de toda a grandeza e bom trato, são para quem os cerca uma escola da mais nobre sensatez.

12. **Natureza e arte, matéria e trabalho.** Não há beleza sem ajuda, nem perfeição excelente sem o realce do artifício, que ao mau socorre, e aperfeiçoa o bom. A natureza nos dá o seu melhor: acolhamo-lo na arte. Mesmo a perfeição da natureza é inculta sem ela, e falta-lhe metade de suas perfeições se lhe falta a cultura. Todo homem é rude sem artifício, toda perfeição exige polimento.

13. *Agir com intenção, seja a segunda ou a primeira.* A vida do homem é uma milícia contra a malícia do homem; a perspicácia luta com ardis de intenção. Nunca age como o esperado; insinua, apenas para confundir: golpeia o ar com destreza, mas opera na realidade, sempre atenta a desmentir. Feita a intenção para atrair a atenção, logo atenta contra ela, vencendo de supetão. Porém, a inteligência previne-se, espreita com seus reflexos; entende sempre o oposto do que tentam fazer entender, e logo percebe qualquer falsa intenção: deixa passar toda a primeira, espera pela

segunda, até que chegue a terceira. A dissimulação aumenta ao conquistar seu objetivo, e tenta enganar com a própria verdade. Muda-se o jogo, muda-se a estratégia, e faz artifício do não-artifício, fundando a sua astúcia na maior doçura. Desperta a atenção, compreendendo sua perspicácia, e revela as trevas cobertas de luz. Decifra-se a intenção, tanto mais oculta quanto mais simples. É assim que os penetrantes raios de Apolo combatem o ardor de Píton.

14. *A realidade e o modo.* Não basta a substância, é necessária a circunstância. Os maus modos a tudo corrompem, até mesmo à justiça e à razão. Os bons modos a tudo suprem: suavizam o não, adoçam a verdade e enfeitam a velhice. O "como" tem um grande papel, e uma boa maneira conquista todos os gostos. Portar-se bem é a gala da vida: conduz a que tudo tenha um bom fim.

15. *Habilidades auxiliares.* Felizes os poderosos acompanhados dos valentes da razão, que lhes afastam do sufoco da ignorância, acompanhantes na luta contra a dificuldade. Grandeza singular é contar com sábios; grandeza que supera o gosto bárbaro de Tigranes, aquele que tomava os reis vencidos

como criados. Novo tipo de senhorio, encaminhar à servidão quem a natureza fez superior. Muito há o que saber, pouco é o viver, e nada se vive se nada se sabe. Portanto, trata-se de singular habilidade estudar sem nenhum custo, escutando muito e a muitos, chegando a saber mais que todos. Depois falará em nome de vários, ou por sua boca falarão tantos sábios quantos lhe prepararam; obterá assim o papel de oráculo graças ao suor alheio. Aqueles primeiro sorvem a lição, depois servem o saber em sua quintessência. Quem não souber colher a sabedoria da própria vida, que dela se torne amigo.

16. *Saber com reta intenção*. Assegura, assim, a fecundidade de acertos. A violência monstruosa sempre foi o bom entendimento unido à má vontade. A intenção maligna envenena as perfeições, e, auxiliada pelo saber, corrompe com a maior sutileza. Infeliz dominância a que tem a maldade! Ciência sem juízo, loucura em dobro.

17. *Variar o tom ao falar*. Não aja sempre da mesma maneira e assim impressionará o público; especialmente na lida com seus opositores. Não transforme em ação a primeira intenção, pois a recorrência será notada,

tornando-o previsível e frustrando-lhe as ações. É fácil matar a ave cujo vôo se conhece, e não tanto a que despista. Tampouco apegue-se à segunda intenção; a repetição fará com que compreendam seu ardil. A malícia está à espreita; é necessário sutileza para desmenti-la: o jogador nunca ataca com a peça que seu adversário presume, menos ainda com a que ele deseja.

18. ***Determinação e criatividade***. Não há excelência sem ambas, e, quando juntas, se superam. Mais alto alcança o medíocre com determinação que o superior que não a tem. Compra-se a reputação com o valor do trabalho; pouco vale o que pouco custa. Alguns, mesmo para o ofício mais simples, exigem-se determinação: não raro devido a seu gênio. Mal estão os que não fazem o trabalho comum com excelência, desesperados demais por obter o trabalho sublime, no qual serão apenas medianos. Mas contentar-se com a mediocridade no segundo, podendo ser excelente no primeiro, é ainda pior. São necessárias, pois, natureza e arte; e, por fim, a dedicação.

19. ***Não começar com muita expectativa***. Erro comum de tudo o que é comemorado antes é não atingir,

depois, a dimensão com que foi concebido. Nunca o real pôde alcançar o imaginado, pois fingir as perfeições é fácil; muito difícil é alcançá-las. Casa-se a imaginação com o desejo e concebe-se sempre muito mais do que as coisas são. Por maiores que sejam as excelências concretas, não bastam para satisfazer o ideal e, como o encontram enganado pela expectativa exorbitante, mais rápido trazem o desengano que a admiração. A esperança é a grande falsária da verdade; que a corrija a prudência, buscando que seja superior o deleite ao desejo. Certa esperança inicial serve para despertar a curiosidade e não para empenhar o objeto. Melhor é quando a realidade supera o pensamento e vai além do que se acreditou. Tal regra não se aplica ao mal, pois tal exagero lhe pode ajudar: desmente-a com júbilo, chegando a fazer parecer tolerável aquilo que se temia como terrível.

20. ***O homem em seu tempo***. Os tipos notáveis dependem dos tempos. Nem todos tiveram o que mereciam; e muitos, ainda que o tivessem, não o aproveitaram devidamente. Alguns foram dignos de tempos melhores, mas nem todo o bem triunfa a todo momento: cada coisa a sua vez, mesmo as excelências têm a sua hora. Mas tem uma vantagem o sábio, que é eterno: se este não é o seu século, muitos outros serão.

21. *A arte da boa-sorte*. Existem regras para a sorte, e elas não chegam por acaso ao sábio, mas são obras do esforço. Alguns se contentam com confiar sorrindo nas portas da fortuna, esperando a sua ação. Outros passam adiante e valem-se da sensata audácia que, acompanhada de virtude e bravura, pode trazer a sorte, fazer tocá-la. No entanto, ao pensar bem, não há outro caminho senão o da virtude e atenção, pois não há maior sorte, nem mais azar, que a prudência ou a imprudência.

22. **O homem de boas conversas**. A arma dos discretos é a erudição cortês e agradável; o saber prático de tudo o que acontece: mais do essencial, menos do vulgar; é ter um arsenal de frases e ditos espirituosos, gentileza nas ações e saber empregá-las em sua devida ocasião. Melhor às vezes informar com humor do que com grave erudição. A arte de bem conversar serviu a alguns mais que a todas as sete artes liberais.

23. *Não ter nenhuma mácula*: a sina da perfeição; poucos escapam aos defeitos, tanto morais como físicos; muitos se inquietam, podendo curá-los com facilidade. Estes lastimam que às vezes um defeito atreva-se a surgir em meio a tantas virtudes, bastando

uma nuvem para cobrir toda a luz do Sol. São manchas na reputação, para onde logo se viram os olhos mal-intencionados. Grande habilidade é transformá-los em realce. Foi assim que César cobriu de louros a natural grosseria.

24. *Moderar a imaginação*, às vezes corrigindo-a, outras estimulando-a: cabe a ela a felicidade, e a seu controle, a sensatez. Por vezes déspota, não se contenta com a especulação, mas se move e costuma apoderar-se da vida, fazendo-a agradável ou desgastante, segundo a sua necessidade — pois nos faz descontentes ou satisfeitos de nós mesmos. A alguns, traz somente o pesar, carrasco interior dos tolos; a outros, oferece alegrias e aventuras, que esvanecem contentes. Se não a enfrenta o prudentíssimo julgamento, cai o homem em seu jogo.

25. *Bom entendedor*. A arte das artes era saber argumentar; isso hoje já não basta: é mister intuir, sobretudo as desilusões. Não é compreendido aquele que não compreende. Há adivinhos do coração e linces das intenções. As verdades que nos são mais caras vêm sempre à meia voz; só o atento as compreende

inteiramente; na boa intenção deve-se crer, se for odiosa, atacar.

26. *Descubra o ponto fraco de cada um*. Eis a arte de mover vontades; fruto mais notável da destreza é saber o acesso a cada um. Não há vontade sem especial inclinação, e são diferentes segundo a diversidade dos gostos. Todos são idólatras: alguns da estima, outros do interesse, e outros, ainda, do deleite. O segredo está em conhecer esses ídolos para incitá-los. Conhecer em cada um seu impulso eficaz: eis a chave do desejo alheio. Descubra a motivação primeira, que nem sempre é a mais elevada — quase sempre a mais ínfima, pois no mundo mais numerosos são os desordenados que os subordinados à ordem. Conheça primeiro o caráter, motive-o com a palavra e, então, lance-o à paixão: infalivelmente golpeará o livre-arbítrio.

27. *Mais vale a intensidade que a extensão*. A perfeição não está na quantidade, mas na qualidade. Tudo o que é muito bom é pouco e raro: a abundância de nada vale. Mesmo entre os homens, os gigantes costumam ser os verdadeiros anões. Alguns valorizam os livros por seu volume, como se escrevessem para exercitar os braços, e não o talento. A quantidade sozinha nunca pôde ultrapassar a mediocridade; e a desgraça humana reside no querer abarcar tudo, permanecendo sem abarcar nada. A intensidade traz a elevação, e é heróica, se dirigida ao sublime.

28. *Em nada vulgar.* Sobretudo no gosto. Oh, grande sábio aquele que se decepcionaria se suas obras agradassem a muitos! Lufadas de aplausos comuns não satisfazem aos cuidadosos. Alguns camuflam-se tanto pela popularidade que não colocam seu prazer na brisa suavíssima de Apolo, mas no hálito do povo vulgar. Que sua compreensão não seja confundida pelos milagres dos vulgos — que não passam de aparências —, seduzida pela tolice comum e, ao mesmo tempo, desiludida da observação particular.

29. *Homem de inteireza.* Sempre ao lado da razão, com tal firmeza em seu propósito que nem a paixão vulgar, nem a violência tirana o obrigam a cruzar a linha do juízo. Quem será esta Fênix da eqüidade, se tão poucos cultivam a integridade? Muitos a celebram, mas não dentro de suas casas; perseguem-na outros até o perigo. Os falsos a negam, os políticos a dissimulam. O homem íntegro não muda em nome da amizade,

do poder e nem mesmo do interesse próprio — eis o perigo de não a conhecer. Os astutos apelam para raciocínios aparentemente razoáveis, para motivos superiores ou para a razão do Estado, porém o homem constante considera a dissimulação uma grave traição. Vangloria-se mais da perseverança que da sagacidade e coloca-se diante da verdade: se abandona os outros não será por orgulho, mas porque estes abandonaram primeiro o caminho verdadeiro.

30. **Não professar excentricidades**. Muito menos as ilusórias, que mais servem ao desdém que ao crédito. São muitas as formas do capricho, e de todas foge o homem sensato. Há gostos exóticos que casam sempre com aquilo que os sábios repudiam; satisfazem-se com sua singularidade, que os torna muito conhecidos — faz deles motivos de riso, e não exemplos de boa reputação. Mesmo no ofício da sabedoria não se deve destacar quem é atento, ainda menos com ações que ridicularizem o seu autor e o conduzam ao descrédito.

31. **Aproximar-se dos afortunados, fugir aos desafortunados**. A infelicidade é amiúde crime de estupidez, e nenhum contágio é tão fatal: não se deve abrir a porta ao menor mal, que sempre virão

atrás dele muitos outros, e muito maiores. O segredo do jogo é saber descartar: mais vale a menor carta do trunfo de agora que a maior da mão perdedora. Na dúvida, deve-se aproximar dos sábios e prudentes, que cedo ou tarde encontram a fortuna.

32. *Atrair bons julgamentos*. Para os que governam, grande missão é a de agradar: destacam-se os soberanos que conquistam a graça universal. Eis a única vantagem de mandar: poder fazer o bem mais que todos os outros; os que são amigos é que fazem amizades. Ao contrário, há os que teimam em desagradar, não pelas dificuldades, mas por pura maldade, opostos em tudo diante da divina bondade.

33. *Saber abster-se*. Se é valiosa a lição de saber negar, maior ainda será a de negar a si mesmo, em relação aos negócios e em relação às pessoas. Há distrações corruptas, que, como traça, roem o tempo precioso, e é pior ocupar-se do inoportuno do que não fazer nada. Não basta ao atento não se intrometer: é mister conseguir que não o interrompam. Não se deve ser tão de todos que não seja de si mesmo; dos amigos tampouco se deve abusar, nem querer mais deles do que o que lhes concede. Todo excesso é vicioso, mais

ainda no trato; com esta sensata moderação conserva-se uma boa relação com todos e mantém-se a estima, conservando ilesa a preciosíssima decência. Tenha, pois, liberdade de gênio, apaixone-se pelo melhor e nunca peque contra a fé de seu bom gosto.

34. *Conheça seu maior atributo*. O dom mais relevante, cultive-o e deixe que ele cultive os demais. Qualquer um obtém a grandeza em algo ao conhecer a sua excelência. Observe a sua melhor qualidade e dedique-se a ela: a alguns lhes sobra o juízo, a outros, a coragem. Os demais não dão ouvidos à sua inteligência e, assim, não se destacam em nada: a lisonja da paixão é desiludida pelo tempo.

35. *Pensar sobre tudo, mas mais sobre o que mais importa*. Sem pensar, perdem-se todos os néscios: nunca compreendem das coisas a metade, e como não percebem o bem ou o mal, tampouco aplicam a diligência. Alguns dedicam-se muito ao que pouco importa, e pouco ao que importa muito, ponderando sempre no sentido contrário. Muitos, insensíveis, deixam que tudo passe. Há coisas que devem ser observadas com empenho, e conservadas na profundidade da mente. O sábio reflete sobre

tudo; no entanto, com distinção, cava onde há profundidade e dúvida; pensa que, talvez, haja mais do que inicialmente crê, chegando com a reflexão onde havia apreensão.

36. ***Calcular a sorte*** para a hora de agir e de empenhar-se. Para alcançá-la, o estudo do momento oportuno vale mais do que a observação do temperamento. É um estúpido aquele que chega aos quarenta anos pedindo saúde a Hipócrates e prudência a Sêneca. Conduzir a sorte é a maior das artes, seja esperando por ela — e esperá-la faz parte —, seja já alcançando-a, pois ela chega; chega fortuita, e é difícil agarrá-la! Aquele que a encontra propícia deve prosseguir com desembaraço: ela costuma apaixonar-se pelos ousados e pelos jovens. Se não a alcança, tendo lutado muito por ela, não mais aja. Previna-se de falhar duas vezes. Que siga em frente aquele que a conquistou.

37. ***Conhecer e saber usar as insinuações***. Eis o ponto mais sutil do comportamento humano. Úteis na investigação dos ânimos, chega-se com elas à mais dissimulada e penetrante astúcia do coração. Há as insinuações maliciosas, traiçoeiras, tocadas pela erva da inveja, untadas pelo veneno da paixão. São raios

imperceptíveis que derrubam a graça e a estima. Muitos sentiram-se preteridos pelos mais altos e mais baixos ao ouvir a mais leve insinuação destes, a quem toda a conspiração vulgar não foi suficiente para causar a mais leve trepidação. Outras palavras, ao contrário, são favoráveis ao atacado, pois apóiam e confirmam sua boa reputação. Porém, com a mesma destreza com que se lançou a insinuação, deve-se recebê-la com cautela, dar-lhe a devida atenção: conhecê-la é defender-se; o tiro previsto é sempre frustrado.

38. *Enquanto lhe sorri a sorte, permaneça*, como os jogadores de reputação. Uma nobre retirada vale tanto quanto o bravo ataque; guarde em segurança as suas proezas, se suficientes, se muitas. A felicidade contínua foi sempre suspeita: mais seguras são as intermitências — que haja algo de agridoce até mesmo na fruição. Em uma avalanche de sorte você pode ser arrastado morro abaixo. Às vezes, quando a sorte é breve, a curta duração é recompensada pela intensidade. A sorte cansa de levar a nossa carga em suas costas.

39. *Reconhecer as coisas em seu ápice, na ocasião apropriada, e saber aproveitá-las.* Todas as obras da natureza evoluem até a perfeição: até ali, ganham, dali em diante, perecem. Entre as coisas da arte, poucas são as que já não podem melhorar. É característica do bom gosto aproveitar cada coisa em seu auge: nem todos conseguem ou sabem como fazê-lo. Até os frutos do entendimento têm o seu ponto de maturidade; deve-se conhecê-lo para seu devido proveito.

40. *Conquistar a afeição alheia.* É bom obter a admiração da maioria, melhor ainda a afeição. Há algo de estrela, e muito de trabalho — começa-se com aquela e prossegue-se com este. Não basta aparentar excelências, ainda que pareça ser mais fácil ganhar o afeto ganhando reputação. Para a benevolência é necessária a beneficência, fazer o bem sem olhar a quem: boas palavras, melhores ações, amar para ser amado. Os favores são o encanto das grandes personalidades. Estenda as mãos primeiro às proezas, depois às plumas; primeiro os feitos, depois as folhas, pois há também a eterna graça dos escritores.

41. *Nunca exagerar.* Não se deve falar por superlativos, seja para não ofender a verdade, seja para não perder a

sensatez. Os exageros são excessos da estima, sinalizam conhecimento e gosto limitados. O exorbitante aviva a curiosidade, atiça o desejo e inquieta as expectativas que, se desiludidas, condenam ao desprezo sujeito e objeto. Controle, pois, o ânimo: melhor a falta ao excesso. Os notáveis são raros, mas a prudência está ao alcance de todos. Exagerar é mentir, e na mentira perde-se a reputação de bom gosto e sabedoria.

42. *Autoridade natural*. Uma força secreta de superioridade. Não se vale do enfadonho artifício, e sim da natural altivez. Ganha a obediência de todos sem explicar como, reconhecendo-se o vigor secreto da autoridade conatural. Assim são os gênios nobres, reis por mérito, leões por inato privilégio, que roubam os corações e as palavras dos demais, conquistando respeito. Se favorecidos por outras qualidades, tornam-se modelos políticos, pois com a própria essência fazem o que não fazem os outros em mil ações.

43. *Sentir com poucos, falar com muitos*. Querer remar contra a maré é remar rumo ao perigo e ao desengano. Apenas um Sócrates poderia fazê-lo. Tem-se como ofensa o discordar, pois é condenar o juízo alheio: multiplicam-se os insatisfeitos, tanto pelas censuras

quanto pelos aplausos; a verdade é de poucos, o engano é comum e vulgar. Não se conhecerá o sábio por seu discurso público — ali, ele não usa a sua voz, mas a da tolice comum, por mais que a contrarie em seu interior. Tanto foge de ser contradito, o homem sensato, quanto de contradizer: é rápido ao discordar, lento ao propagar a discordância. O sentir é livre; não se pode e não se deve violá-lo. Retire-se ao sagrado de seu silêncio e divida as sombras com outros poucos sensatos.

44. **Simpatia com os grandes homens**. É virtude do herói conviver com heróis — um oculto e vantajoso prodígio da natureza. Há afinidades de coração e de gênio, e seus efeitos são creditados, pela vulgar ignorância, ao elixir misterioso. Não fica apenas na estima, vai além da benevolência e chega à vocação; persuade sem palavras, conquista sem méritos. É ativa ou passiva; uma e outra felizes, ambas sublimes. Grande saber é conhecê-las, diferenciá-las e alcançá-las, pois não há determinação que baste ou supere este segredo.

45. **Usar — sem abusar — das reflexões**. Não as revele, não as explique; o artifício revelado provoca

suspeitas, a cautela escancarada é odiada. Cuidado, entretanto, com o engano, multiplique-se o receio, sem demonstrá-lo, o que ocasionaria a desconfiança — que muito prejudica e pode até gerar vingança, despertar o mal inimaginado. A reflexão na ação é uma grande vantagem; não há argumento melhor. A grande perfeição das ações está em executá-las após ponderá-las.

46. *Corrigir sua antipatia*. Costumamos abominar de antemão, mesmo antes de conhecermos as qualidades; por vezes essa aversão inata se manifesta contra homens notáveis. Que a sensatez a corrija, pois não há pior descrédito que o ódio aos melhores. Assim como é grande vantagem a simpatia pelos heróis, também é grande o desgosto da antipatia por eles.

47. *Fugir dos conflitos*. Eis um dos mais importantes temas da prudência, e os mais moderados e capazes mantêm-se afastados deles. A distância é longa entre o conflituoso e o prudente, a sensatez os diferencia. Sempre é tarde para abandonar a disputa; é mais fácil, então, não ceder à tentação do que livrar-se dela. Um conflito sempre traz outro maior, colocando-o à beira do abismo. Há homens que, por gênio ou criação,

atraem-se pela confusão; mas aquele que caminha sob a luz da razão sempre tem êxito nesses casos, e sabe que mais vale fugir dos conflitos que lutar para vencê-los. Se há um tolo envolvido em um conflito, cuide-se para que não haja dois.

48. *Homens de essência, homens melhores*. Em tudo, o interior será sempre maior que o exterior. Há aqueles homens-fachada, como casas incompletas, por lhes faltar força interna: vemos um palácio, entramos numa choupana. Terminadas as primeiras saudações, terminada a conversa. São como cavalos sicilianos nas primeiras cortesias, logo silenciam, pois esgotam-se as palavras onde há nenhum conceito. Enganam facilmente aqueles cuja visão é igualmente superficial, mas não enganam os cuidadosos, que os descobrem vazios, repletos de fábulas néscias e sem nenhuma sabedoria.

49. *Homem de juízo, homem que observa*. É senhor dos objetos, não os objetos dele. Perscruta o abismo da maior profundidade; sabe analisar com total acuidade. Ao notar um semelhante, compreende-o e analisa sua essência, e com preciosas observações decifra a mais oculta interioridade. Olhar exato, compreensão sutil, raciocínio arguto: ele tudo descobre, observa, alcança e compreende.

50. ***Nunca perca o respeito por si mesmo***, tampouco discuta consigo a sós. Que sua própria inteireza seja a norma de seu caráter; que deva mais à severidade de seu parecer do que a todos os preceitos externos. Não seja indecente — por temor do seu próprio juízo, mais que em obediência à autoridade alheia. Tema a si mesmo, e não lhe será necessário o preceptor imaginário de Sêneca.

51. ***Homem de boas escolhas***. Geralmente, vive-se delas. Saber escolher supõe o bom gosto e o reto parecer, pois não bastam o estudo e o engenho. Não há perfeição onde não há discernimento; requer-se, então, duas qualidades: escolher, e escolher o melhor. Muitos homens, de engenho profundo e sagaz, de juízo rigoroso, também estudiosos e observadores, perdem-se na hora de escolher; escolhem sempre o pior, como se buscassem sempre o erro. Escolher bem é uma das maiores dádivas do alto.

52. ***Nunca se descomponha***. Grande tema da prudência é nunca perder a calma. A verdadeira magnanimidade

não se comove facilmente. As paixões são humores do ânimo: qualquer excesso delas indispõem-nas com a sensatez. O mal, se sair pela boca, pode ser a mácula da reputação. Seja, pois, tão senhor de si e tão nobre, que nem na prosperidade, nem na adversidade possam censurá-lo, e sim admirá-lo.

53. **Diligente e inteligente.** A diligência executa com agilidade o que a inteligência pensa prolixamente. Amam os insensatos a pressa. Sem a reflexão, agem impensadamente. Os sábios, ao contrário, costumam pecar pela lentidão, pois do cuidado nasce a observação, que revela os detalhes. Mas malogra a eficácia da ação a excessiva lentidão do parecer. A presteza é mãe da boa sorte. Muito faz aquele que nada deixa para amanhã. Sábia empresa é correr para chegar a tempo, cuidando para evitar tropeços.

54. **Ser enérgico com equilíbrio.** Até mesmo as lebres atacam o leão morto: não se brinca com a coragem. Se o homem recua ao primeiro que o desafia, tenderá a recuar ao segundo, e assim sucessivamente, até o último. Melhor, portanto, é enfrentar o primeiro desafio; melhor vencer antes do que tarde. O brio do espírito excede o do corpo: é como uma espada,

sempre embainhada na sensatez, pronta a ocasião que a demande. É o resguardo de uma pessoa: maior estrago faz a fraqueza do ânimo que a do corpo. Muitos foram fortes, mas pareciam mortos na ausência desse ânimo do coração e acabaram sepultados em seu desleixo. Não foi por acaso que a Providência uniu a natureza doce do mel ao ferrão da abelha. Somos feitos de nervos e ossos; que o ânimo não seja apenas brandura.

55. *Saiba esperar*, grandes corações alargam-se através da paciência: não se apresse, não aja com paixão. Seja antes senhor de si, e o será depois dos outros. Caminhe com calma, tudo a seu tempo, até chegar ao centro da ocasião. A demora prudente tempera os acertos e amadurece as forças secretas. A muleta do tempo é mais eficaz que a clava afiada de Hércules. O próprio Deus não castiga com o bastão, mas com a razão. Grande ditado é o que diz que "o tempo e eu podemos contra qualquer outros dois". A fortuna favorece aquele que espera.

56. *Tenha bons reflexos*. Nascem de uma feliz prontidão, sem apuros ou acasos por sua vivacidade e clareza. Alguns homens pensam muito para depois errar tudo, e outros acertam tudo sem pensar. Há

aqueles que fazem tudo melhor se pressionados; são monstros que de pronto tudo acertam e, pensando, tudo erram. O que não se lhes chega assim, jamais chegaria. São admiráveis os rápidos, pois demonstram capacidades prodigiosas: nas opiniões, sutileza; nas ações, prudência.

57. *Mais confiantes são aqueles que pensam.* O que logo se faz, logo se desfaz; o que há de durar para a eternidade leva outra para nascer. Não se deve almejar senão a perfeição, apenas o certo perdura. A compreensão profunda chega à eternidade: o que muito vale, muito custa — o mais precioso dos metais é o mais tardio, o mais resistente.

58. *Saber moderar-se.* Não compartilhe os seus conhecimentos com todos, tampouco despenda mais esforços do que os necessários. Não desperdice nem saber, nem energia: o bom caçador não gasta com a sua presa mais habilidade do que a necessária para capturá-la. Não ostente seus dons diariamente, pois chegará o dia em que não terá o que ostentar. Guarde sempre uma reserva de novidades, para que as descubram cada dia mais, mantendo a expectativa sem que nunca descubram o fim de seu arsenal.

59. ***Homem de bom gosto***. Na casa da fortuna, se entramos pela porta do prazer, saímos pela do pesar. E vice-versa. Atenção, pois, para buscar mais felicidade na saída do que na entrada. Tragédia comum entre os afortunados é ter favoráveis os princípios e trágicos fins. O homem comum costuma vangloriar-se na entrada, mas os que levam aplausos na saída são apenas uns poucos eleitos. A fortuna é assim: mostra-se simpática quando chega e grosseira quando se vai.

60. ***Bons ditames***. Alguns nascem prudentes; chegam com essa vantagem natural da sabedoria e têm meio caminho andado rumo aos acertos. Com a idade e a experiência amadurecem totalmente a razão, chegando a um juízo equilibrado. Assim o homem abandona todos os caprichos, considerando-os tentações à prudência — e mais ainda em questões de Estado, em que se requer total segurança. Aquele que governa ou aconselha deve rodear-se de homens de vocação ou experiência que ajudem em suas decisões.

61. ***Eminência no que mais importa***. Uma grande singularidade entre a pluralidade de perfeições. Não há herói que não tenha algo de sublime, pois o mediano nunca leva aplausos. A superioridade em

algo relevante tira o homem da vulgaridade e o eleva à raridade. Ser notável em uma profissão humilde é ser muito no pouco — aquilo que é prazeroso tem de pouco glorioso. Ser extremamente superior no que se dedica tem algo de soberano, gera admiração e instiga o afeto.

62. **Produzir com bons instrumentos**. Alguns querem cultivar grandeza na inferioridade de seus instrumentos: perigosa satisfação, merecedora de duro castigo. Nunca a bondade de um ministro diminuiu a grandeza do governante; ao contrário, toda a glória e os acertos do subordinado são atribuídos a seu superior, que é quem o orienta e o inspira; e o mesmo se dá com os erros. A fama sempre fica com os de cima. Nunca se diz: "aquele teve bons ou maus ministros", e sim que "aquele foi um bom ou mau comandante". É a ele que examinamos, julgamos, escolhemos, e dele será a reputação eterna.

63. *A excelência de ser o primeiro, que é dobrada pela eminência*. Muitos teriam sido eternos em seus ofícios se outros não se sobressaíssem. Os primeiros serão sempre os mais notáveis; aos segundos, resta a imitação vulgar. Os prodigiosos têm a sutileza de inventar um

novo rumo para as excelências, em que prevaleça a prudência e a dedicação. Com as novidades, os sábios garantiram seus lugares heróicos. Ser o primeiro é tão importante que alguns preferem ser os primeiros na segunda categoria a ser os segundos na primeira.

64. *Saiba evitar os pesares*. Afastar desgostos é próprio de quem é sensato. A prudência evita muitos deles; é a luz da felicidade e, por isso, do contentamento. As notícias odiosas, não as dê nem as receba: feche a porta àquelas que vêm sem remédio. Alguns satisfazem aos ouvidos na doçura das lisonjas, outros, gostam das amargas intrigas; e há aqueles que não vivem sem algum desgosto cotidiano, como Mitrídates não vivia sem algum veneno. Mas não se inflija sofrimento por agrado a outro, mesmo que seja alguém muito querido; isso não é prevenir-se. Nunca se deve pecar contra a própria felicidade para satisfazer o conselheiro que vem de fora. Em cada situação, sempre que trazer prazer a outrem lhe custe o seu próprio pesar, lembre-se da lição: antes a mágoa do outro agora que a sua depois, sem remédio.

65. *Gosto elevado*. Nele cabe a cultura, assim como no engenho. Realça a excelência da compreensão,

domina o apetite do desejo e, depois, o prazer do possuir. Conhece-se a altura de um homem por seus gostos elevados. Os pratos requintados servem a paladares elaborados; as ciências elevadas, para grandes gênios. O bom gosto é herdado ou pode ser trabalhado. Não se deve viciar em ver defeitos em todas as coisas e negar tudo, atitude de extrema tolice — mais detestável ainda por afetação que por desagrado legítimo. Alguns gostariam que Deus criasse outro mundo e outras perfeições para a satisfação de suas extravagantes fantasias.

66. *Atenção para que as coisas saiam bem*. Alguns atentam-se mais ao rigor dos meios que à satisfação em realizar seu intento; no entanto, mais reconhecido é aquele que alcança o seu objetivo, e não como isso foi possível. Quem triunfa não precisa explicar como triunfou. A maioria das pessoas não se interessa pelos detalhes das circunstâncias, mas pelos resultados positivos ou negativos. Assim, nunca se perde a reputação quando o objetivo é alcançado. Todos gostam de finais felizes, ainda que o desmintam os desacertos dos meios. É uma arte ir contra a expectativa, quando não é possível sair-se bem de outra maneira.

67. **Prefira ocupações grandiosas**. O êxito depende em grande medida da satisfação alheia: a admiração é para as virtudes como a brisa para as flores, frescor e vida. Há ofícios expostos à aclamação universal; há outros que, ainda que mais nobres, não são aplaudidos; aqueles, por acontecerem às vistas de todos, atraem a admiração comum; estes, ainda que sejam sublimes, permanecem no segredo de sua invisibilidade, venerados, mas não aplaudidos. Entre os príncipes, os vitoriosos são os celebrados, e por isso os reis de Aragão tiveram fama e sucesso — foram elogiados por guerreiros, conquistadores e magnânimos. O homem de destaque deve preferir as célebres ocupações, para que todos as percebam, delas participem e, assim, o imortalizem.

68. **Ofereça os seus conhecimentos**. É mais importante ensinar ao outro o que ele não sabe do que recordar-lhe o que já sabe. Algumas pessoas deixam de fazer as coisas que estavam a seu alcance simplesmente por não saberem como. Uma atenção dedicada pode ajudá-las a encontrar uma maneira de fazê-las. Uma das maiores vantagens de uma mente sábia é encontrar soluções oportunas. Sua ausência pode impedir que se alcance grandes metas. Que ofereça luz aquele que

a tem e peça-a quem dela necessita. Quem solicita a solução, que preste atenção: é importante que tenham tal habilidade os que querem ser ajudados. Àquele que necessita conhecimento devem demonstrar disposição em seu pedido, e, se necessitar mais, assim o peça. Se já tem o *não*, vá em busca do *sim* com destreza: muitas vezes não se consegue porque não se tenta.

69. **Não se render ao mau humor**. O grande homem não está à mercê das fugazes impressões. Valiosa é a reflexão sobre a própria conduta: conhecer os humores atuais, e também os prevenir. Vasculhar, ainda, o mais fundo de si mesmo, para encontrar o equilíbrio entre a natureza e a arte. Conhecer-se é o início do corrigir-se — assim evita-se a impertinência. Alguns variam demasiadamente seus estados de humor, afetam-se com eles e são eternamente conduzidos pela própria desordem, contradizendo-se com freqüência. Tais excessos não só enfraquecem a vontade, também afetam o juízo, confundindo pensamentos e desejos.

70. **Saber negar**. Nem tudo se deve conceder, nem a todos. Não conceder é tão importante quanto saber conceder, e entre os que governam é urgente dominar tal matéria. O segredo está na maneira de fazê-lo.

Mais se estima o *não* de alguns que o *sim* de outros, pois um doce *não* satisfaz mais que um amargo *sim*. Muitos carregam, constantemente, o *não* consigo, semeando desgosto. O *não* é sempre a sua primeira resposta e, ainda que depois venham a dizer *sim*, este pouco vale, pois veio depois do primeiro dissabor. Não se deve negar as coisas de repente, deixe a desilusão chegar aos poucos; tampouco negue-as de todo — se o fizer, acabará a dependência. Cultive uma pequena esperança que compense o amargor de haver negado o pedido. Que sua cortesia supere o favor negado e suas boas palavras supram a obra não concretizada. Lembre-se: *não* e *sim* são palavras rápidas de dizer, mas exigem longas reflexões.

71. **Não ser inconstante**, de comportamento anormal — nem por natureza, nem por afetação. O homem sensato mantém a harmonia de seus próprios juízos, por isso tem o mérito de ser chamado sábio. Se muda de opinião, é devido a causas sólidas e nobres razões. A oscilação desagrada a sensatez. Há homens que mudam a todo momento, são irregulares tanto em seus raciocínios como nas vontades e na sorte. Aquele que ontem preferia branco, e hoje, preto, desmente constantemente as suas próprias convicções, favorecendo o conceito alheio.

72. ***Homem de decisão***. Menos prejudicial é a má execução do que a falta de decisão. É melhor que um rio corra devagar do que estanque. Há homens hesitantes que precisam da aprovação alheia em tudo; não por serem estúpidos — muitos são inteligentes —, mas por serem inseguros. As dificuldades são desagradáveis, porém, pior é não encontrar a saída para pequenas inconveniências. Por outro lado, há outros homens que nunca vacilam: decididos e determinados, nasceram para as grandes obras, pois sua ampla compreensão facilita o acerto e a decisão. Tudo lhes é tão fácil que, depois de criarem um mundo, sobra-lhes tempo para criar outro; quando convictos, empenham-se com total segurança.

73. ***Saber ser evasivo***. Eis a habilidade dos prudentes. Com gentileza e discrição, costumam sair dos mais intrincados labirintos. Com sorriso amistoso, se esquivam da mais árdua contenda. Nisto o maior dos capitães fundava a sua coragem. Delicada maneira de livrar-se do erro: mudar de assunto e fazer-se de desentendido.

74. ***Não ser intratável***. No meio dos homens estão as verdadeiras feras. A inacessibilidade é o vício daquele

que desconhece a si mesmo e muda de humores segundo as honras. Nunca será o enfado o melhor meio de atrair a estima. O que esse monstro intratável teria de bom, sempre prestes a enfurecer-se? Os que estão sob as suas ordens falam-lhe como se lidassem com tigres: com extremo tato, absoluto receio. Enquanto almejava a posição desejada, era dócil, agradava aos outros. Depois, ao chegar aonde queria, apenas se aborrece com os demais. Por estar no topo, rodeado de gente, deveria atender a todos, mas, com sua aspereza, não atende a ninguém. O melhor castigo para ele: ser-lhe indiferente.

75. **Ter um ideal heróico**, mais para emulá-lo do que para imitá-lo. Há exemplos de grandeza, animados pela reputação. Veja quem são os primeiros em seu ofício, não para segui-los, mas para superá-los. Alexandre não lutou pela mesma glória de Aquiles, já passada; mas por si mesmo, pela glória que ainda não alcançara. Nada desperta mais as vãs ambições que o ressoar da fama alheia. O mesmo que derruba a inveja encoraja a generosidade.

76. **Não viver na zombaria**. O homem sério é conhecido por sua prudência; é mais prestigioso do

que o engenhoso. Aquele que zomba o tempo todo não é homem de verdade. Como aos mentirosos, não lhe damos nenhum crédito: alguns por temer a mentira, outros, a dissimulação. Nunca se sabe quando falam com seriedade, por isso não têm credibilidade. Não há descaso maior que a burla contínua. Ganha-se a fama de falador e perde-se o crédito dos sábios. Seja alegre por poucos instantes; nos demais, mantenha-se sério.

77. **Dar-se bem com todos**. Douto com os doutos, santo com os santos. É uma arte conquistar a todos, pois a afinidade desperta a benevolência. Observar os gênios e adaptar-se a cada um; sintonizar-se com o sério e com o alegre, transformando-se para agradar-lhes, especialmente se deles depende. Essa imensa sutileza do bem-viver exige muitas habilidades, e é mais fácil ao homem de bom gosto e conhecimento universal.

78. **A arte de tentar**. A tolice sempre surpreende, pois todos os tolos são audazes. Sua inabilidade o impede de perceber o desvio de conduta, privando-o da vergonha de ser ridículo. O homem sensato, por outro lado, age com cautela: a advertência e o recato

o acompanham, e ele perscruta para agir sem perigo; toda a ousadia que carece de reflexão está fadada ao fracasso, ainda que talvez a salve o destino venturoso. Convém ter cuidado nas águas que se teme fundas — é preciso ganhar o terreno aos poucos, com sabedoria e prudência. Há muitas confusões no trato humano, por isso, convém orientar-se continuamente.

79. ***O gênio divertido***. A temperança é um dom, e não um defeito. Um pouco de bom-humor tudo melhora. Os maiores homens sabem usar do gracejo, mas sempre guardando os ares da sensatez e saudando o decoro. Muitos julgam-se divertidos e indispõem-se com os seus próximos, que interpretam tais dizeres como burlas — às vezes até com razão. Entretanto, o humor inteligente é capaz de conquistar corações.

80. ***Atenção ao informar-se***. Dependemos muito do que nos contam. Pouco vemos diretamente, então confiamos no testemunho alheio. Os ouvidos são a segunda porta da verdade e a porta principal da mentira. A verdade pode ser vista antes mesmo de ser ouvida. Raramente a verdade nos chega pura, ainda menos se vem de longe, pois sempre traz algo consigo: o sentimento de quem fala, a paixão daquele

que a toca, ora odiosa, ora favorável. Tende sempre a impressionar. Alguns a elogiam, outros a vituperam; é preciso muito cuidado neste ponto, para descobrir a intenção daquele que fala e saber de antemão para que lado se inclina. Reflita sobre o que falta, detecte o que é falso e incompleto.

81. ***Renove seu esplendor a cada dia***. É privilégio da Fênix renascer constantemente. Tudo envelhece, até mesmo o mais sublime; com o tempo, a fama se esvai. O costume míngua a admiração; uma novidade mediana vence a maior eminência envelhecida. Trate de renascer diariamente na coragem, no saber, na fortuna, em tudo. Dedicando-se com fervor a renovar-se, muitos amanheceres virão. Apareça em cenários distintos, para que em um solicitem a sua presença quando se afastar, e no outro o aplaudam quando retornar.

82. ***Não viva nos extremos*** — nem no mal, nem no bem. Disse um sábio: "moderação em tudo", e assim resumiu toda a sabedoria. O que é extremamente direito se entorta, e a laranja que muito se espreme chega a ficar amarga. Tampouco nos prazeres deve-se exagerar, e a própria inteligência se esgota se

pressionada demais. Se ordenha excessivamente, terá sangue, não leite.

83. ***Permita-se algum deslize venial***. Às vezes, um descuido pode ser uma grande alegria. Não há por que censurar uma pontinha de inveja. Aquele que é muito perfeito peca por não pecar, e, por ser perfeito em tudo, tudo irá condenar. Há especialistas em buscar falhas naqueles que são notáveis para consolar-se de seus próprios defeitos. A censura fere como raio as virtudes mais elevadas. Porém, durma tranqüilo, pois talvez até Homero tenha cometido um deslize — seja de inteligência, seja de valentia, mas nunca o da falta de prudência. Para aplacar a malevolência não revide com maldade: será como agitar a capa ao toro da inveja, pretendendo salvar a imortalidade.

84. ***Saiba usar os inimigos***. Como se fossem espadas, é preciso tomar todas as coisas não pela lâmina que fere, mas pela empunhadura que o defende — ainda mais durante o combate. O sábio aproveita mais seus inimigos que o tolo seus amigos. Certas maldades costumam nivelar montanhas de dificuldades que a benevolência não conseguiria enfrentar — muitos se tornaram grandes devido a seu inimigo. Mais

perigosa é a lisonja que o ódio, pois este remedia com eficácia as deficiências que aquela dissimula. Espelha-se o sábio na ojeriza mais que na afeição, e previne a difamação dos defeitos, ou os emenda. Deve ser grande a cautela ao viver na fronteira de um incentivo, de uma maldade.

85. ***Não seja um coringa.*** O uso excessivo do excelente chega a ser abuso. Quem tudo cobiça desperta apenas o enfado. Se é grande infelicidade não ter nada, pior infelicidade é querer ter tudo. Perdem-se estes por muito ganhar, pois serão tão aborrecidos quanto antes foram queridos. Inicialmente, tais coringas são homens de muitas virtudes, mas ao perderem a estima do povo, costumam ser depreciados como ordinários. O remédio para não se chegar a tais extremos é a discrição. Ter de excesso apenas a perfeição; ter comedimento na ostentação: quanto mais brilha uma tocha, menos ela dura. Quanto menor a ostentação, maior é a estima.

86. ***Cuidado com as más-línguas.*** Tem o vulgo muitas cabeças e muitos olhos para a malícia, além de muitas línguas para a depreciação. Corre nele algumas vozes que mancham o prestígio e a reputação. Se

chegarem a você, evite-as com o pontapé do desprezo. Ridicularizar os defeitos são o assunto preferido desses faladores. Entretanto, as fofocas podem fazer com que descubra seus próprios defeitos ou trazer o fracasso a um inimigo seu, pois há bocas tão amargas que arruínam uma grande reputação em um instante, com um mero gracejo. É muito fácil cair na má-fama, pois acredita-se facilmente no mal e custa apagá-lo. O homem prudente deve ter o cuidado de não desprezar a má-lingua, mas surpreendê-la com sua atenção à insolência vulgar, pois é melhor prevenir do que remediar.

87. **Cultura e alinho**. O homem nasce bárbaro; cultivando-se, eleva-se sobre a besta. A cultura faz as pessoas melhores — quanto mais, melhor. Por sua fé na cultura, a Grécia pôde chamar de bárbaro todo o restante do universo. A ignorância é tosca: não há algo que cultive mais do que o saber. Porém, a mesma sabedoria é grosseira se não estiver alinhada. Não só deve estar limpo o entendimento, mas também o querer e o falar. Há homens naturalmente alinhados, de elegância interior e exterior, em conceitos e palavras; tanto na forma de vestir, que são a casca, quanto nos dotes da alma, o interior do fruto. Ao

contrário, há outros tão grosseiros que todas as suas características, incluindo a inteligência, se desfazem diante de uma bárbara e intolerável falta de asseio.

88. *Seja o bom trato abundante*, buscando nele a sublimidade. O grande homem não deve ser pequeno em suas ações. Nunca investigue demasiado as coisas, muito menos as de pouca importância. É melhor observá-las com certo descuido do que investigar tudo com o mesmo interesse. Deve-se agir com nobre generosidade, que é parte do cavalheirismo. Em grande medida, a arte de governar está na dissimulação. Deixe passar a maioria das coisas entre familiares, amigos e mais ainda entre inimigos. Toda minúcia é enfadonha e pesada. Compreenda que ir e vir de um desgosto a outro é costume de toda gente, e o comportamento de cada um seguirá a capacidade de seu coração.

89. *Compreensão de si mesmo*. No gênio, no engenho, nas opiniões, nos afetos. Ninguém será senhor de si mesmo se, antes, não se compreender. Há espelhos para o rosto, não para a alma: a única maneira de conhecê-la é a reflexão cuidadosa sobre si — e, quando esquecer a sua imagem exterior, conserve a

interior para aprimorá-la. Conheça as forças do juízo e da ponderação em suas ações, lembre-se delas ao escravizar-lhe a ira. Tenha sempre clara a visão da profundidade e do alcance de tudo.

90. *A arte da longa vida.* Viver bem. Duas coisas acabam rapidamente com a sua vida: a ignorância e a maldade. Alguns se perderam, pois não souberam guardá-las, outros, por não querer. Assim como a virtude é um prêmio por si só, o vício é o seu próprio castigo. Quem cedo cede aos vícios logo se acaba, quem vive pela virtude não morre nunca. A integridade da alma reflete-se no corpo, alongando a vida não só em intensidade, mas também em extensão.

91. *Agir sem escrúpulos de imprudência.* A suspeita de erro naquele que age é logo notada por aquele que observa, ainda mais se for um rival. Se faz as coisas no calor da paixão, logo verá você mesmo o equívoco. É perigoso agir em momentos de dúvida — seria mais seguro omitir-se. A sensatez não admite dúvidas: sempre caminha sob a luz da razão. Como pode dar certo uma idéia que, tão logo concebida, já está condenada pela hesitação? E se decide algo marcado por uma discrepância consigo mesmo, possivelmente

conhecerá a derrota. O que mais esperar daquele que começou duvidando e suspeita dele mesmo, que foi quem a ditou?

92. **Sentido transcendente**, em tudo. É a primeira e mais alta regra para as suas ações e palavras, e quanto mais alta a sua posição, mais fundamental segui-la. Mais vale um grama de juízo que toneladas de intrepidez; um caminho para a segurança, ainda que não lhe traga aplausos de toda a gente. A reputação da sensatez é a mais alta fama. Para o seu bem, basta satisfazer os sensatos, cujo voto é a pedra-de-toque de seus acertos.

93. **Homem universal**. O homem composto de todas as virtudes vale por muitos. Alegra o viver, pois será um deleite aos demais. Ter virtudes diversas o farão aproveitar a vida completamente — grande arte é saber alcançar a plenitude da bondade. Foi para isso que a natureza criou o homem, dando a ele um conjunto de sabedorias que ele deve executar, refinando os seus gostos e a sua compreensão.

94. **Que não o conheçam profundamente**. Cuide, homem sensato, para que não o perscrutem até o

fundo — tanto no saber como no fazer — se quer ser admirado por todos. Dê-se a conhecer, não a compreender. Que ninguém investigue o tamanho de sua capacidade — eis o perigo evidente da desilusão. Nunca permita que lhe alcancem tudo: terão maior veneração aqueles que despertam opiniões e dúvidas em cada íntimo do que a sua evidência, por maior que seja.

95. ***Saiba manter a expectativa***, nutrindo-a sempre: prometa muito, e o melhor é que vejam que, ao agir, você deu muito mais. Por isso, não é bom entregar tudo no primeiro momento — é de grande valia saber equilibrar as forças, o seu conhecimento, para que tenha sempre mais do que exigem como desempenho.

96. ***A grande sindérese***: é o trono da razão, base da prudência, confiado à qual fica fácil acertar. É um presente dos Céus desejado como o primeiro e o melhor. É a primeira peça da armadura, tão importante que é a única sem a qual o homem fica rendido. Nota-se sua ausência. Todas as ações da vida dependem de sua influência, e todos solicitam sua qualificação, pois tudo tem de ser feito com bom

senso. Consiste numa propensão conatural a agir conforme a razão, tendendo sempre ao mais acertado.

97. *Alcançar e conservar a reputação* é o usufruto da fama. É muito cara, pois nasce das nobres inteligências, tão poucas como muitas são as medíocres. Alcance a reputação e a conservará com facilidade. Mas tê-la o obriga a continuar agindo para fazer crer o seu prestígio. É uma espécie de majestade quando chega à veneração, por conta da sublimidade de sua causa e de sua natureza. A reputação substancial, contudo, é aquela que valerá pela eternidade.

98. *O controle da vontade.* As paixões são o postigo do ânimo. O saber mais prático é o da dissimulação. Quem joga de maneira transparente corre maior risco de perder. É preciso combinar a serenidade do recato com o cuidado da prudência; à inteligência no discurso, a sépia da interioridade. Que não lhe conheçam o gosto para que não o prevejam — uns, para a contradição, outros, para a lisonja.

99. *Realidade e aparência.* As coisas não se apresentam como são, mas como parecem ser: são raros os que olham por dentro, e muitos os que se fiam apenas

nas aparências. De nada adianta ter razão com cara de malícia.

100. ***Homem sem ilusões, sábio cristão, filósofo cortês, mas não parecê-lo*** — e muito menos afetá-lo. Caiu em descrédito o filosofar, ainda que seja o grande exercício dos sábios. A ciência dos prudentes anda malvista. Sêneca a introduziu em Roma: conservou-a bem por algum tempo, mas logo foi expulsa, considerada impertinência. Sendo um sábio discreto e ponderado, nunca sofrerá tal desencanto.

101. ***Metade do mundo ri-se da outra, pela tolice de todos***. Todos são bons, todos são maus, segundo dizem. O que este segue, aquele persegue. Pobre tolo aquele que deseja regular os objetos a seus conceitos — as perfeições não dependem de um único gosto. Há tantos gostos como rostos, tão diversos. Não há opinião sem oposição, e não hesite por haver quem o desaprove; sempre haverá quem o aprecie. Mas pelos aplausos não se deixe levar, posto que outros o condenariam. A regra da verdadeira satisfação é a aprovação dos homens de reputação, e que têm voto naquela ordem de coisas. Não se vive de uma só opinião, um só gosto, um só século.

102. **Estômago para grandes bocados de fortuna.** No corpo da prudência muito importante é o bom estômago, pois de grandes partes faz-se grande a capacidade. Não se conforma com a boa fortuna quem merece fortunas maiores; o que satisfaz a fome do conformista é apenas aperitivo daquele que busca a grandeza. Há aqueles de visão limitada: qualquer êxito lhes traz satisfação, pois não estão prontos para grandes desafios. Tornam-se ácidos no trato, e a bruma que se eleva da honra indevida desvanece-lhes a cabeça. Correm grande perigo nos altos postos, e não cabem em si porque a fortuna não lhes cabe. Os grandes homens devem mostrar que ainda lhes cabem coisas maiores e fugir intensamente de qualquer coisa que lhes diminuam as aspirações.

103. **Cada um tem a majestade à sua maneira.** Que todas as suas ações sejam, se não de rei, dignas de um, conforme as disposições de um, o proceder real. Dentro dos limites de sua circunstância, mantenha a sublimidade das ações, a elevação dos pensamentos — seja um rei por seus méritos. A verdadeira soberania consiste na integridade dos costumes, e não inveja a grandeza aquele que como grande se comporta. Aqueles familiares ao trono compartilhem de sua verdadeira nobreza, saibam diferenciar a virtude do

ser majestoso da vaidade do cerimonioso, cientes da distância entre o vão e o são.

104. ***Compreenda as diferentes ocupações***. Há muitas delas. Conhecimento magistral, que necessita de aviso: algumas exigem coragem, outras, sutileza. São mais fáceis de lidar aquelas que dependem da diligência, mais difíceis as do artifício. O bom caráter basta às primeiras; estas, por sua vez, pedem grande atenção e cuidado. Ofício trabalhoso o de governar homens, ainda mais os estúpidos e loucos: é duplamente difícil ser sensato com aqueles que não o são. Ofício intolerável é o que pede um homem limitado, de horas contadas e pensamento exato. Melhor é o ofício livre do fastio, em que se pode unir leveza e sobriedade, pois a variedade alivia e enriquece o peso da vida. As mais respeitadas ocupações de nada ou pouco dependem; piores são aqueles que, no fim, fazem transpirar na residência humana, mais ainda na divina.

105. ***Seja breve, não canse***. Costuma ser enfadonho o homem insistente. A brevidade é lisonjeira e consegue facilmente o que procura: ganha em cortesia o que perde por rapidez. O bom, se breve, é duas vezes bom. E até o mal, se curto, não é de todo mal. Mais vale o substancioso do que o enfastiante. Também é

verdade comum que o homem que se estende pouco compreende: não menos o assunto em discussão do que sua extensão. Há homens que mais servem para embaraçar do que adornar o universo — jóias perdidas, das quais todos desviam. Evite saturar seus companheiros, e mais ainda os grandes homens, que já têm muito o que fazer — grande erro atrair seu desprezo. O que diz bem diz rápido.

106. *Não exiba a fortuna*. Molesta aquele que ostenta sua dignidade ou virtude. Exibir-se é desprezível — não se orgulhe de ser invejado. Quanto mais estima deseja, menos estima terá: a estima é o respeito dos outros para consigo, e não a alcançará sem o devido merecimento e no devido tempo. Os cargos importantes exigem a autoridade conquistada, sem a qual não se pode exercê-los. Conserve a que já tem para cumprir com as suas tarefas, e não se imponha aos outros exigindo respeito, pois todos os que querem parecer esforçados em sua função dão indícios de não merecerem o que já têm. Melhor orgulhar-se das próprias virtudes do que de um cargo, pois até mesmo um rei deve ser mais respeitado por elas do que por sua posição hierárquica.

107. ***Não se demonstrar orgulhoso de si***. Viver descontente consigo mesmo é mediocridade, e satisfeito, é tolice. Ignorantes são aqueles que exibem a própria admiração por si mesmos, e vivem uma felicidade estúpida, que, ainda que entretenha o gosto, não sustenta o respeito alheio. Como não possuem as grandes virtudes alheias, consolam-se com qualquer mínima habilidade própria. Ao homem sensato sempre é útil ser cuidadoso para que tudo lhe saia bem, sem vangloriar-se, e tal atitude humilde será a sua recompensa se as coisas saírem mal. Quem sabe ser discreto não é desprezado. Homero descansa tranqüilo em seu lugar, enquanto Alexandre caiu com presunção e engano, por haver ostentado o poderio. As coisas dependem de muitas circunstâncias, o que sobe hoje cai amanhã, e não passará vergonha quem não se escandaliza com um ou com outro. O tolo é incorrigível pois transformou em flor a mais vã satisfação, e sua semente segue a brotar.

108. ***Atalho para a excelência: saber relacionar-se***. O trato é muito eficaz: comunicam-se os costumes e gostos, transmite-se o gênio e o engenho sem que se perceba. Procure, pois, aproximar-se rápido dos recém-conhecidos, e aos demais gênios; que assim conseguirá a temperança, sem forçá-la. É nobre a

arte de saber adaptar-se. Escapar das contrariedades embeleza o universo e produz harmonia natural e moral. Este conselho é válido também na escolha das amizades, na comunicação entre os extremos encontrar-se-á um discreto equilíbrio.

109. **Não seja um acusador**. Há homens de gênio feroz. De tudo fazem delito, e não por paixão, mas por natureza. A todos condenam: a alguns, porque fizeram, a outros porque farão. Têm um humor pior que cruel, um ânimo vil. Acusam com tal exagero que transformam ciscos em vigas para arrancar os olhos. Cheios de paixão, colocam tudo nos extremos. Os sensatos, ao contrário, têm um ânimo tão tranqüilo que vêem o lado bom das ações alheias, e em qualquer defeito, enxergam um erro inocente.

110. **Não esperar o Sol se pôr**. É dos sábios deixar as coisas antes que elas os deixem. Saiba triunfar em seu próprio fenecer, pois até mesmo o Sol costuma esconder-se entre as nuvens para que não o vejam cair, deixando-nos em dúvida se já se pôs ou não. Furte o corpo dos acasos para não irromper desagrados; não espere que lhe dêem as costas; pois inspirará pena e perderá a estima. Seja como o cavalo que se retira a

tempo da pista e não espera que o cansaço o derrube, fazendo rir a quem o assiste. Que a beleza rompa o espelho a tempo e com astúcia, e não tarde, quando este espelhará desilusão.

111. **_Tenha amigos_**. Um amigo é um segundo eu. Todo amigo é bom e sábio para com o seu. Com eles, tudo sai bem. O valor de alguém é maior quando outros o querem bem, para isso é preciso ganhar-lhes a boca mostrando-lhes bom coração. Não há feitiço como o bom serviço; e para ter amizade o melhor meio é oferecê-la. O que temos de melhor e mais valioso depende dos outros. A cada dia deve haver esforço para fazer um amigo, ainda que não íntimo: muitos, de início, são apenas conhecidos; depois, surge a confiança, até que, por fim, tornam-se confidentes.

112. **_Conquiste a afeição pura_**. Um dos primeiros e maiores mandamentos do Criador, que a prevê e dispõe. Entra pelo afeto o conceito: alguns fiam-se tanto em seus argumentos que subestimam a diligência, mas o atento bem sabe que os méritos encurtam caminhos se os ajuda o favor: a benevolência tudo supre e facilita; e se você é bondoso, todos engrandecerão as suas virtudes: mais bravura, integridade, sabedoria e até a

discrição. Quem o ama não vê suas feiúras, porque não as quer ver. A grande dificuldade é obter o amor alheio, pois simples é conservá-lo.

113. *Enquanto houver prosperidade, previna-se para as adversidades*. Aproveite o doce verão e prepare-se para o duro inverno. Nos bons tempos esse trabalho será mais confortável — mais fácil são os favores e por todos os lados há amizades. É bom poupar para quando o mau tempo chegar; nele tudo é mais difícil, de tudo falta, tudo custa. Não abandone os amigos nos momentos de fortuna, que um dia terá apreço pelo que agora não faz caso. O vilão nunca tem amigos: na prosperidade, porque os ignora; e na adversidade, porque é ignorado.

114. *Evite a rivalidade*. A pretensão com oposição cai mal à reputação; ao desprestigiar o outro, desprestigia-se a si mesmo. Poucos são os que fazem a boa guerra; a competição revela os defeitos ocultos pela cortesia. Muitos tiveram boa reputação até entrarem em disputas. O calor do combate aviva ou ressuscita mortas infâmias, desenterra horrores passados e antepassados. A briga pretende apenas danar o outro com o que se pode, e chega ao que não se deve. E ainda que possa se valer das ofensas que lhe foram feitas, trazem-lhe o desejo de vingança, fazendo-lhe perder o decoro. O homem bondoso e benévolo será sempre pacífico.

115. ***Aceitar as más condições dos outros***, bem como as caras feias; é preciso conviver onde há dependência. Há gênios difíceis com os quais é difícil conviver, estando próximo ou longe deles. É, pois, uma habilidade acostumar-se com a feiúra para evitar embates ocasionais. No primeiro contato, assombram, mas pouco a pouco perde-se o horror inicial e a prudência prevê tais desgostos e os tolera.

116. ***Lidar sempre com gente de palavra***. Você se compromete com elas, e elas, consigo. Seu maior compromisso é a fiança no trato, até mesmo nas contendas, pois disputam assim como são. Mais vale brigar com gente de bem do que triunfar sobre gente do mal. O mal não admite bom trato, pois não exige a integridade. Por isso, entre homens maus nunca haverá amizade verdadeira, nunca terão a boa fineza, por mais que disfarcem, porque não amam a honra. Afaste-se de homens sem honra, pois quem não a estima, não preza a virtude; e a honra é o trono da integridade.

117. **Nunca falar de si**. Se falar bem, é por vaidade; se falar mal, é mediocridade. Faltar-lhe-á, então, sensatez, e por isso aqueles que lhe escutam olharão com pena. Deve evitá-lo entre os seus próximos, mais ainda nos postos elevados, onde falar ao público resulta em enorme tolice. O mesmo inconveniente é elogiar demais os presentes em um encontro. Pecarás por um ou pelos dois lados: a lisonja ou o vitupério.

118. **Ganhar a fama de cortês**. É simples: basta que seja agradável. A cortesia é a parte principal da cultura, uma espécie de feitiço. Com ela conquista-se a afabilidade de todos, assim como a descortesia só conquista o desprezo e o enfado universal. Se ela nasce da soberba, é abominável; se da pura grosseria, é desprezível. Ofereça mais cortesia do que recebe, nunca a mesma. Se oferecer menos cortesia, será injusto. Até aos inimigos devemos cortesia, com a qual demonstramos a nossa valentia; custa pouco e vale muito — todo honrador é honrado. O cavalheirismo e a honra têm esta vantagem: define aquele que os usam e, ao demonstrar respeito, atrai igual respeito.

119. **Não ser malquisto**. Não provoque aversão, pois, ainda que sem querer, ela se adianta. Há muitos

homens que se aborrecem sem motivo, sem saber como ou por quê, e afastam de si afetos e favores. A irascibilidade é mais propensa ao dano que a concupiscência a tirar proveito. Alguns costumam se dar mal com todos, por seu gênio enfadonho; e o ódio, uma vez inspirado, é tal como o mau conceito, difícil de apagar. Os homens de juízo ganham respeito; os maledicentes aborrecem; os vaidosos dão asco; os indiscretos abominam e os excepcionais abandonam. Demonstre estima, pois, para ser estimado: aquele que quer prosperar deve oferecer sua atenção.

120. *Viver com praticidade*. Até o saber deve ter utilidade, e onde não tem uso, melhor fazer-se de ignorante. Mudam-se os tempos, mudam-se os gostos: não se viverá no velho, mas lembrar-se-á do novo. Descubra o que gostam em cada caso, para que possa adequar-se no momento adequado. É prova de sabedoria adaptar-se ao presente ainda que lhe pareça melhor o passado, tanto em assuntos íntimos como sociais. Apenas para a bondade tal regra não vale: deve-se sempre praticar a virtude. Dizer a verdade, por exemplo, parece algo de outros tempos, assim como cumprir com a própria palavra, e os homens que dizem a verdade e cumprem com a sua palavra serão sempre apreciados — infelizmente, são poucos

os que os imitam. Que infelicidade de nosso século, que estranha a virtude e aceita a malícia! O discreto vive como pode, ainda que não seja como quer; aprecia mais quem lhe deu a sorte do que quem a tenha negado.

121. ***Não fazer muito caso do que não é nada***. Assim como alguns fazem graça com tudo, outros levam tudo a sério. Sempre fazendo caso, a tudo dão importância, transformando em disputa o que não era. É trocar as bolas tomar a frente daquilo a que se deveria dar as costas. Muitas coisas grandes tornam-se pequenas, dissolvem-se sozinhas, se não lhes dá muita importância; e outras, que eram nada, tornaram-se muito ao lhe dar a devida atenção. No início é fácil concluir tudo, porém, passado o tempo, vem a dificuldade. Muitas vezes a doença é o seu próprio remédio: sem curá-la, ela se cura. São freqüentes as ocasiões em que o melhor é deixar passar.

122. ***Respeitável no dizer e no fazer***. Assim, será importante onde estiver, e terá o respeito de todos. A forma como faz as coisas em tudo influencia: conversar, orar, e até caminhar e observar. Seja respeitável e conquistará os corações de todos. Nunca será admirado

por ser ousado ou perigoso, tampouco apresentando-se como divertido. O respeito lhe chegará cultivando a autoridade do homem inteligente, agradável e com méritos morais.

123. **Não ser afetado**. Quanto mais virtudes, menos afetação — o virtuoso não necessita mostrá-las. A afetação é tão incômoda aos demais quanto penosa àquele que a mantém, pois vive refém da própria atenção. As mesmas virtudes perdem seus méritos, se nascem do artifício e não da livre natureza, e tudo o que é natural sempre foi mais gracioso que o artificial. Os afetados parecem carentes daquilo que afetam possuir: quanto melhor se faz algo mais se deve ocultar os esforços, para que a perfeição pareça natural. Até mesmo ao fugir da afetação pode ser que chegue nela, afetando-se em seu não se afetar. O discreto nunca se dá por entendido de seus méritos, e esse mesmo descuido desperta a atenção alheia. Aquele que tem virtudes sem que haja presunção é duas vezes sublime.

124. **Fazer-se desejar**. Os poucos que conseguirem cair nas graças do povo comum, assim como dos sábios, terão felicidade. A melhor maneira para obter

esse prêmio de afeição é fazer bem o que se faz, fazê-lo honestamente e com agrado. Seja o lar de suas virtudes, de modo a demonstrar que você dignifica sua posição, e não o contrário — alguns honram-se com o posto, outros, honram o posto. Não é vantajoso apresentar-se como o homem bom que sucedeu o ruim: isto não é, absolutamente, ser desejado, e sim um demérito do anterior.

125. **Não busque a fama na infâmia alheia**. Sinal de que sua fama se esvai é dedicar-se à difamação, querendo limpar as próprias máculas com as dos outros e chegando a negá-las ou consolar-se, como fazem os tolos. Nessas situações, quanto mais se cava, mais se enlameia. Ninguém está livre de culpas. Só é visto sem defeitos quem pouco é conhecido: fuja sempre, homem sensato, de ser o livro de registro das infâmias alheias, pois aborrecerá e, ainda que vivo, desalmado será.

126. **Não é tolo o que age com tolice, mas aquele que não a sabe encobrir**. Seja discreto nos afetos, tanto mais nos defeitos. Todos os homens erram, com a seguinte diferença: os espertos disfarçam os erros, os tolos revelam até os que não cometeram. Maior

vantagem está em encobrir seus defeitos do que em destacar os seus feitos — se não é casto, seja cauto. Os descuidos dos grandes homens são como eclipses de seus méritos. Seja uma lacuna da própria amizade confiar seus defeitos; se fosse possível, deveríamos ocultá-los de nós mesmos, fazendo valer aquela regra do viver: saber esquecer.

127. *Elegância natural*. É a vida das virtudes, alento do dizer, a alma das ações, realce dos próprios realces. As demais perfeições a abrilhantam, pois é a elegância dessas mesmas perfeições. Com ela, até o mais comum é celebrado. Está sobre os estudos, sobre a disciplina, supera o desembaraço, impõe-se à valentia — a inspiração traz confiança e multiplica os méritos. Sem ela, morre toda a beleza, e toda a graça é sem graça. Diante dela pouco vale a bravura, a discrição, a prudência e até mesmo a majestade. Com elegância tudo fica bem e é possível superar quaisquer obstáculos.

128. *Grandeza de alma*. É o principal requisito do herói, pois fortalece todo tipo de grandeza: realça o gosto, engrandece o coração, enobrece a condição e sustenta a majestade. Com ela, onde quer que

esteja, brilhará sua magnitude, ainda que a tente apagar a inveja desesperada por atenção. A vontade se fortalecerá para quando a violência for necessária, e todos reconhecerão a sua grandeza ao demonstrar generosidade tanto na vitória como na derrota. Eis a maior virtude do heroísmo.

129. *Nunca se queixar*. A queixa sempre traz descrédito, e é mais provável incomodar quem a escuta do que atrair a sua compaixão. Abre-se espaço àquele que ouve para fazer o mesmo, e todas as queixas lhe serão dirigidas, já que começou com as suas. Não se queixe das ofensas passadas, pois assim conhecerão as suas fraquezas e isso lhe trará ainda mais males. O melhor a fazer é cumprir alegremente o seu dever, garantindo a sua compensação. Em vez de queixas, recordemos favores passados, de forma que os presentes nos brindem com a mesma estima. O homem sensato não deve anunciar em público os seus fracassos, fraquezas e defeitos. Ao contrário, publique suas estimas, que servirão para atrair amigos e frear inimigos.

130. *Fazer e fazer parecer*. As coisas não são lembradas como são, e sim como parecem. Saber e saber

demonstrá-lo é saber duas vezes: o que não se vê é como se não existisse. Não é reverenciado aquele que não parece reverenciável. São muitos mais aqueles que julgam as coisas pelo que parecem do que os sábios que as julgam em sua profundidade; por isso no mundo prevalece o engano, que julga pelo aspecto, raramente fiel ao que são na verdade. A demonstração exterior da virtude é a melhor recomendação da perfeição interior.

131. *Seja sempre cavalheiro*. As grandes almas têm generosidade, espírito galanteador, cavalheirismos que demonstram um coração elevado. Não é qualquer um que pode alcançar tais níveis — para tanto, é preciso ser magnânimo. O primeiro exemplo é falar bem de seus inimigos e agir honestamente diante deles. Prova de uma grande alma é a atitude para com a vingança: apenas se não há outra saída; ou renunciar a ela — demonstração surpreendente de generosidade. Também é política, ornamento da razão de Estado. Nunca exiba os seus êxitos e, se fizer algo merecedor de honra, dissimule-o com ingenuidade.

132. *Pensar duas vezes*. Refletir mais uma vez sobre o que já foi pensado é segurança, mais ainda onde

a satisfação não é evidente. Use o seu tempo para fazer o que lhe foi pedido ou para aperfeiçoar-se, e assim encontrará novas razões para fundamentar as suas decisões. Se a questão for dar algo, estima-se mais aquele que ponderou o bastante antes de fazê-lo, mais do que aquele que dá rápida e facilmente. Sempre se tem maior estima por aquilo que se desejou por mais tempo. Se for negar o pedido, seja cuidadoso, para que a negativa seja mais suave, menos ofensiva. Na maioria das vezes, passado o calor inicial do desejo, não se sente o sangue frio da recusa. A quem pede pressa, demore — outra tática para negar atenção.

133. ***Antes louco acompanhado que sábio sozinho***, dizem os políticos. Se todos são loucos, nada se perde por estar louco. Se for o único sábio, será considerado louco. Por isso é importante seguir a corrente: muitas vezes o maior saber é não saber, ou aparentar não saber. É preciso viver acompanhado, e a maioria das pessoas são ignorantes. "Para viver a sós, é preciso ter muito de Deus ou tudo de besta". Entretanto, mudaria o ditado para: "Antes sábio com os demais que louco a sós". Alguns querem ser excêntricos em bobagens.

134. ***Dobrar os requisitos da vida***. É viver em dobro. Não dependa de um só ofício, nem queira apenas

uma coisa, ainda que seja a maior. Tudo deve ser multiplicado por dois, e assim serão os proveitos, os favores, os gostos. É transcendente a mutabilidade da Lua, termo da permanência, e também as coisas que dependem da vontade humana, frágil e quebradiça. Viva contra tal fragilidade e mantenha sempre uma reserva que seja o dobro do que necessita. Eis a regra: duplicar o bem e a comodidade. Como fez a natureza, dando-nos dois membros que correm mais riscos, assim devemos dobrar tudo aquilo de que dependemos.

135. ***Não tenha espírito de contradição***, que o têm os tolos e raivosos, e os sensatos estarão sempre contra eles. Ainda que seja inteligente, ao contradizer constantemente tudo dificulta, e não deixa de ser impertinente, mesmo compreendido. Da doce conversação faz-se batalha, e assim tornam-se inimigos mais de seus familiares que dos que não o conhecem. No mais saboroso bocado sente-se a espinha que atravessa, são a destruição dos bons momentos: tolos, perniciosos, e mais que brutos, são bestas.

136. ***Aprofunde-se nos temas***; vá ao âmago das questões. Muitos discorrem pelos ramos de um inútil

palavrório, ou pelas folhas de uma exausta verbosidade, sem chegar à substância do caso. Dão cem voltas em torno de um ponto, cansam-se e cansam, e nunca chegam à essência do assunto. Quase sempre têm a mente confusa, em uma teia de nós que não consegue desembaraçar. Gastam tempo e paciência com o que querem dizer, e depois parece que não disseram nada.

137. *O sábio basta-se a si mesmo*. Será ele todas as suas coisas, e consigo leva tudo o que tem. Se basta um amigo universal para substituir Roma e todo o universo, seja esse amigo e poderá viver por si. Quem lhe poderá faltar, se não há melhores idéias e melhor gosto que o seu próprio? Dependerá só de si, e é a suma felicidade assemelhar-se assim à suma entidade. Aquele que pode viver assim sozinho nada terá de estúpido, mas o contrário: terá muito de sábio e tudo de Deus.

138. *A arte de deixar estar*, tanto mais quanto maior for o conflito entre os seus. Há tormentas no trato humano, tempestades da vontade: prudente é retirar-se a um porto seguro da orla. Muitas vezes os males pioram com os remédios. Deixe que as águas sigam seu próprio curso. Como um bom médico, saiba

tanto o que receitar quanto o que não receitar — às vezes a cura está em não curar. Diante de grandes complicações, deixe passar a agitação — ceder ao tempo, então, será vencer depois. Uma fonte de águas revoltas só se acalmará se a deixarmos. Não há melhor remédio para os desacertos que deixá-los passar, pois assim desaparecem sozinhos.

139. ***Reconhecer os dias ruins, eles existem***. Nada lhe sairá bem, em tudo o que fizer, não lhe acompanhará a sorte. Convém observar e retirar-se a tempo de não agir. Há dias em que até a inteligência parece fugir, em que é um milagre conseguir desenvolver mesmo o texto de uma simples carta. Tudo depende da inspiração. Nem sempre a beleza está à disposição. Há dias em que tudo lhe vai mal, e aos outros, vai bem. Entretanto, chegará a sua vez e tudo lhe sairá bem, tudo estará pronto: conhecimento, inteligência, habilidade — em tudo terá êxito. Não desperdice nem um segundo dessa oportunidade. É próprio do sábio identificar dias bons e dias ruins, o dia da sorte e o do azar, para agir ou esperar.

140. ***Veja o bem em cada coisa***. A graça está em sua boa disposição. A abelha busca a doçura para alegrar a

sua colméia; a serpente, o amargo para o seu veneno. Assim são os gostos, uns buscam o melhor, outros, o pior; mas não há coisa que não tenha algo bom — muito mais quando se trata de livros. O gênio de alguns, porém, é tão negativo, que entre mil perfeições encontrarão ao menos um defeito, censurando-o e destacando-o. Têm a mente cheia das imundícies da má vontade, e a inteligência disposta a ver somente o lado ruim. Dedicam-se a encontrar apenas os defeitos, que são mais um castigo de seu comportamento do que agudez de espírito. Vivem mal, nutrem a amargura e são o pasto das imperfeições. Mais feliz é a vida dos outros, que entre mil defeitos encontram a perfeição e desfrutam maior felicidade.

141. ***Não fale só para si mesmo***. Pouco vale agradar-se se não se agrada os demais, e sua satisfação individual lhe custará o desprezo comum. Deve a todos aquele que paga a si mesmo. Querer falar e escutar-se não cai bem, e, se falar sozinho é loucura, ouvir-se na frente dos outros é loucura dobrada. Péssimo vício dos senhores repetir o bordão "não é verdade?", e aquele "e então?" — um incômodo para os que escutam. A cada argumento buscam a aprovação ou a vã lisonja, perdendo o juízo. São vaidosos e ocos,

cheios apenas de ar, cuja conversa exige unicamente a resposta dos medíocres, "muito bem!", a todas as suas banalidades.

142. ***Nunca tome o pior partido*** só porque o oponente se adiantou e escolheu melhor. Já se entra para perder, e logo terá de recuar. Nunca o bem será vingado com o mal: foi astúcia do oponente antecipar-se ao melhor, e tolice sua opor-se a ele, depois, com o pior. São teimosos nas ações, mais empenhados que os de palavra, quando houver mais riscos do dizer ao fazer: grave erro afastar-se da verdade apenas para contradizer, e afastar-se da utilidade apenas para brigar. O atento está sempre do lado da razão, não da paixão, antecipando-se antes ou melhorando depois; se o oponente é um tolo, abandonará a verdade por não estar consigo, e ela será sua. Diante de um opositor, abrace o que é certo — sua estupidez o fará entregar-se ou abandonar a verdade, e cair.

143. ***Não crie paradoxos para fugir do comum***. Os dois extremos trazem descrédito. Todo assunto que desdiz o que é bom será tolice. O paradoxo é um certo engano quanto aos princípios, que atrai pela novidade e pelo prazer, mas, depois, traz apenas desilusão, e

passa a ser desprezado. É uma espécie de êxtase, e, em matéria de política, traz a ruína aos Estados. Os que não conseguem chegar — ou não se atrevem no caminho heróico da virtude — vivem de paradoxos, admirando os tolos e atraindo o desprezo dos sensatos. Diz as opiniões sem ponderá-las e, por isso, tão opostas à prudência. Quem se fia no falso, no incerto, corre o risco de ignorar o que é mais importante.

144. *Apóie o alheio para alcançar o próprio*. A melhor forma de alcançar o que busca. Até mesmo nos assuntos celestes muitos mestres cristãos valem-se desta santa astúcia. É uma forma importante de dissímulo que serve para atrair a boa vontade dos demais: parece-lhes que a sua luta é a mesma, e assim abrirão caminho a seus propósitos. Nunca se deve entrar em algo insensato, muito menos onde houver perigo. Com aqueles cuja primeira resposta costuma ser "não" convém atenção: não censurar a dificuldade de ceder, ainda mais quando se percebe a aversão. Este é um conselho aos de segundas intenções, que são de refinada sutileza.

145. *Não exponha as suas fraquezas*, que serão alvos de todos. Não se queixe delas, a dor atrai a maldade

alheia. Não terá nenhuma utilidade revelar-se, exceto o entretenimento dos demais: as más intenções farejam as suas faltas para fazer-lhe cair: ofenderão os seus sentimentos e de mil maneiras será testado, até tocar-lhe o defeito. Que o atento nunca refira-se a si mesmo e nem revele o seu mal, herdado ou adquirido, que o próprio destino às vezes deleita-se em ferir o que já está ferido. O ataque é sempre no ponto mais fraco: por isso é preciso ocultar o que lhe enfraquece e o que fortalece — um para que se acabe, o outro, para que dure.

146. **Olhar por dentro**. Muitas coisas são mais do que parecem, e a ignorância, que não passou da casca, se transforma em desengano ao penetrar-se o interior. A mentira é sempre a primeira em tudo, e arrasta os tolos que continuam na superfície. A verdade é sempre a última a chegar, e chega tarde, coxeando com o tempo. Os sábios vêem a metade do que parece ser o dobro. O engano está na superfície e com ele estão os igualmente superficiais. A verdade está sempre no interior, onde chegam apenas os sábios e atentos.

147. **Não seja inacessível**. Não há ninguém tão perfeito que jamais precise de advertência. Tolo irremediável

aquele que não a escuta. Mesmo o mais livre dos homens permite um aviso amigável, e nem a soberania deve ignorar a brandura. Há homens tão inacessíveis que fracassam porque ninguém se atreve a oferecer-lhes um conselho. Até o mais auto-suficiente dos homens deve manter uma porta aberta à amizade: por ela chegará seu socorro. Tenha um bom amigo que lhe possa ajudar e advertir sem receios, e agradeça por poder atribuir-lhe tal autoridade: a grande estima por sua prudência. Não se deve dar tal respeito a todos, tampouco tal crédito, mas tenha espaço em sua vida para um fiel confidente, cuja lealdade lhe permita apreciar seus conselhos e advertências.

148. *A arte da conversação*. É grande quem a tem. Em nenhum exercício humano se exige mais atenção, por ser o mais comum do viver. Não há meio-termo: com ela perde-se ou ganha-se, e se é necessária atenção para se escrever uma carta, por ser a conversão do pensamento em conversa, imagine no diálogo ordinário, em que não há tempo para pensar! Os atentos identificam o ânimo através da língua, por isso diz o ditado: "Fala, se queres que eu te conheça". Alguns tendem a deixar a conversação correr livremente, mesmo quando se deve medi--la — é preciso, no entanto, falar com respeito e

profundidade, que demonstre de maneira ponderada aquele que fala. Para ser certeiro, deve-se adaptar à inteligência de quem ouve, sem tornar-se o censor das palavras alheias, pois assim será tido como gramático. Tampouco deve dedicar-se a fiscalizar argumentos, pois dessa conversa todos estarão ansiosos por fugir. A fala discreta é melhor que a eloqüência.

149. *Saber transferir os males a outro*. Escudos contra a maldade, grande ardil dos que governam. Não se trata de incapacidade, como pensa a malícia — mas algo superior —, ter a quem dirigir a censura pelos desacertos e o castigo comum da murmuração. Nem tudo sai bem, nem todos saem satisfeitos. Tenha, pois, um testa de ferro, terreno de infelicidades, a custo de sua própria ambição.

150. *Saiba vender as suas coisas*. Não basta que sejam boas: nem todos chegam à essência e olham por dentro. A maioria das pessoas apóiam o que já está apoiado, vão porque vêem outros ir. Faz parte do artifício fazer-se crer certas vezes enaltecendo — que o elogio faz gerar o desejo — e outras dando um bom nome — que remeta aos mais elevados fins, sem cair na afetação artificial. Deve-se falar

não só aos especialistas, pois molesta o povo pensar que se quer beneficiar unicamente a esses poucos, e simplesmente por não entenderem não lhe darão crédito. Tampouco se deve expor as suas idéias como algo muito simples ou comum. Todos escolhem o que é especial e desejado, tanto a gente simples como os mais eruditos.

151. *Pense antecipadamente.* De hoje para amanhã, e para muitos dias mais. A maior providência é poder prevenir. Para os prevenidos não há acaso, tampouco situações difíceis. Não se deve esperar chegar o fato para a solução se pode vê-lo de antemão; preveja com madura reflexão e livre-se dos maus momentos. O travesseiro é o vidente mudo, e dormir a cada noite meditando sobre os seus assuntos vale mais que acordar soterrado deles. Alguns agem antes de pensar, o que é buscar mais desculpas que conseqüências; outros, não pensam nem antes nem depois. É necessário pensar a vida inteira para acertar o bom caminho. A meditação e a economia de recursos o farão dominar a arte da prevenção.

152. ***Não andar acompanhado por quem o ofusca***, tanto pelo mais, quanto pelo menos. O que excede em perfeição excede em estima. O outro fará sempre

o papel principal, e você o coadjuvante — se obtiver algum apreço, serão as sobras daquele. A Lua domina enquanto estrela única da noite; porém, quando sai o Sol, desaparece. Nunca se aproxime de quem o ofusca, mas de quem o realça. Nesse sentido soa graciosa a fábula de Marcial: "E luziu entre a feiúra e o desalinho de suas donzelas". Tampouco haverá o perigo de que o mal do outro lhe seja atribuído por sua proximidade, e nem honrar os outros às custas de seus créditos. Para fazer-se, siga os grandes; se estiver feito, vá com os medianos.

153. *Fuja de preencher grandes vazios deixados por alguém*, mas, se tiver de fazê-lo, garanta a superação. É mister dobrar o valor para igualar o do passado. Assim como é ardil fazer com que prefiram-no ao passado, é preciso ser sutil para não se deixar ofuscar. É difícil preencher um grande vazio, pois o passado sempre pareceu melhor, e a igualdade não bastará, pois ela está com o primeiro. É necessário, pois, acrescentar qualidades para tirar do outro o melhor conceito.

154. *Não se apresse nem no crer, nem no escolher*. Conhece-se a maturidade no tempo da credulidade: a mentira é ordinária; a crença, portanto, deve ser

extraordinária. Aquele que se moveu com pressa encontra-se depois ultrapassado. Não se deve sugerir a dúvida da fé alheia, que passa da descortesia à ofensa, pois trata aquele como um enganador ou enganado. E esse não é o maior inconveniente: o não crer é indício de mentir, pois tem dois males o mentiroso, não crê e não crêem nele. É sábio àquele que ouve suspender o juízo e dar crédito à frase que diz que "também há certa imprudência na facilidade do querer", pois se é possível mentir com palavras, também o é com as coisas e, engano mais pernicioso, com as ações.

155. *A arte de apaixonar-se*. Se possível, previna com a reflexão prudente a vulgaridade do ímpeto — não terá dificuldade aquele que for prudente. O primeiro passo é perceber-se apaixonado, assenhorar-se do afeto, tateando para conduzir a emoção até onde lhe for conveniente. Com essa reflexão superior, a ira passa sem problemas. Aprenda a parar no momento certo, pois o mais difícil no correr está no parar. Grande demonstração de juízo manter-se sensato nos momentos de loucura: todo excesso de paixão ofusca a razão, mas se houver atenção a razão nunca o permitirá, tampouco tocará os confins do discernimento. Para praticar a arte da paixão é preciso manter as rédeas da atenção, e será o primeiro homem que cavalga sem cair do cavalo da paixão.

156. ***Selecionar os amigos***. Que devem ser escolhidos por discrição e à prova da fortuna; dotados não apenas da boa vontade, mas da compreensão. Entretanto, sendo o mais importante acerto do viver, é o menos cultivado pelas pessoas. Em alguns quem escolhe é a diversão, em outros, o destino. É importante uma boa base para escolhê-los, pois a sociedade o julgará pelos amigos que tem, e nunca o sábio se deu com ignorantes; porém, gostar de alguém não pressupõe intimidade: pode resultar mais de momentos agradáveis do que da confiança em sua capacidade. Há amizades verdadeiras e as passageiras — estas para as alegrias, aquelas para todas as horas. Poucos são amigos das pessoas, muitos, da fortuna, e mais proveitosa é a compreensão de um amigo do que as boas intenções dos outros. Que haja, pois, seleção, e não sorte. Um sábio sabe afastar pesares enquanto o amigo tolo os arrasta. Nem deseje-lhes boa fortuna, se não os quiser perder.

157. ***Não se iludir com as pessoas***, que é o engano mais comum, e o pior. Mais vale ser enganado no

preço do que na mercadoria, e é necessário ver tudo por dentro. Há diferenças entre entender as coisas e conhecer as pessoas, e é nobre filosofia alcançar os gênios e distinguir os humores: é necessário estudar tanto os livros como os homens.

158. ***Saber usar dos amigos***. Há nisto sua arte de discrição: alguns são bons para longe, e outros, para perto; aquele que talvez não é bom para a conversação pode ser para a correspondência. A distância purifica certos defeitos intoleráveis na presença. Não se deve buscar neles apenas o prazer, mas também a utilidade, que deve ter as três qualidades do bem — único, bom e verdadeiro, o amigo é todas essas coisas. Poucos são os bons, e não saber escolhê-los os torna raros. Saber conservá-los é mais que fazê-los amigos. Busquem aquelas amizades que hão de durar e, ainda que sejam novos em princípio, basta para a satisfação que um dia sejam velhos. Os melhores são mais dedicados, ainda que exijam longa convivência. Não há pior deserto que a ausência de amigos: a amizade multiplica os bens e divide os males; é o único remédio contra a adversidade e um desafogo da alma.

159. ***Saber tolerar os tolos***. Os sábios sempre toleraram mal, pois quem tem ciência tem impaciência. Aquele

que muito conhece dificilmente se satisfaz. Segundo Epicteto, a maior regra do viver é saber tolerar, e assim metade da sabedoria se reduz. Se há de se tolerar todas as tolices é necessário muita paciência. Às vezes sofremos muito por quem dependemos para viver, e essa será uma boa ocasião para o exercício de vencer a si mesmo. Inestimável paz, maior felicidade da Terra, nasce do sofrimento; e aquele que não está disposto a aprender a sofrer, retire-se a si mesmo, se é que ainda a si mesmo consegue tolerar.

160. *Falar com atenção:* com os rivais, por cautela; com os demais, por decência. Sempre há tempo para lançar uma palavra, mas nenhum para retirá-la. Fale como em testamento, que quanto menos palavras, menos problemas. Em assuntos sem importância ensaia-se para o que importa. O mistério tem vislumbres de divindade: a fala simples está mais próxima de ser vencida e convencida.

161. *Conheça os seus doces defeitos.* Mesmo o mais perfeito dos homens não escapa, casa-se e amiga-se deles. Há as falhas de engenho, e quanto maior a habilidade, mais se notam — não porque o dono as desconhece, mas porque lhe são caras. São dois

males unidos: a paixão e o vício. São máculas em sua perfeição, e ofendem tanto os de fora como soam bem a eles próprios. Aqui, o esforço de quem os tem é vencer essas paixões e dar o devido realce a suas virtudes. Muitas vezes as pessoas arrepender-se-ão de elogiar as suas grandezas, pois tal ação despertará a lembrança desses viciosos defeitos.

162. *Triunfar sobre a rivalidade e a maledicência*. Pouco vale o desprezo, ainda que prudente; mais vale a gentileza. Não há aplauso o bastante àquele que diz bem; àquele que diz mal não há vingança mais heróica do que os méritos e qualidades, que vencem e atormentam a inveja. Cada felicidade sua lhe será uma pedra no sapato; é um inferno ao rival a glória de seu oponente. Não há maior castigo do que a felicidade. O invejoso não morre uma só vez, mas quantas vezes aplaudirem o invejado, disputando a perenidade da fama de um e a penalidade do outro: aquele é imortal por suas glórias; este, para suas penas. O clarim da fama que anuncia a imortalidade de um representa a morte do outro.

163. *Por compaixão pelo infeliz, nunca incorrer na desgraça do afortunado*. O que é desventura para

alguns pode ser ventura para outros; que um não seria venturoso não fossem muitos outros desventurados. É próprio dos infelizes atrair a compaixão das gentes, que querem devolver-lhes algo que o destino lhes tirou; aquele que na prosperidade aborreceu a todos, na adversidade foi de todos querido: trocou-se a vingança do enaltecido pela compaixão com o caído. Porém o sagaz está atento ao embaralhar das cartas. Há alguns que nunca vão senão com os desventurados, e acompanham hoje o infeliz do qual fugiram ontem por afortunado. Talvez demonstre nobreza, mas é falta de inteligência: ame e ajude o desafortunado, mas não arrisque a sua fortuna.

164. *Deixar algumas coisas no ar*. Para verificar a aceitação, ver como as recebem — mais ainda as suspeitas de certeza e agrado. Garanta que tudo sairá bem e deixe espaço para dedicar-se ou retirar-se. Investiga-se as vontades desta sorte e sabe o atento onde coloca os pés: prevenção máxima do pedir, do querer e do governar.

165. *Fazer a boa guerra*. Podem obrigar o sensato a fazê-la, mas não a má guerra: cada um deve agir tal qual é, não como obrigam. A gentileza é possível na

disputa — deve-se vencer não somente no poder, senão no modo. Vencer de maneira hostil não é vencer, mas render-se. A generosidade sempre foi superior. O homem de bem nunca se vale de armas imorais, são elas as da amizade acabada e do ódio iniciado, que não se deve valer da confiança para a vingança. Tudo o que soar a traição difamará o seu nome. Em personalidades nobres estranha-se o mínimo átomo de baixeza — nobreza e vilania distam-se a milhas. Lembre-se que se a gentileza, a generosidade e a fidelidade se perdessem no mundo, encontrar-se-iam em seu peito.

166. *Diferenciar o homem de palavras e o de ações.*
É valiosa precisão, tanto como diferenciar amigos, conhecidos e funções. É ruim, ao não ter boas palavras, não ter boas obras; pior ainda é que, sem más palavras, não se tenham boas ações. Não se vive de palavras, que voam como o vento, tampouco de cortesias, que são gentis enganos. Caçar as aves pelo reflexo é a verdadeira sedução. Os vaidosos contentam-se com os ventos; as palavras devem ser qualidades das obras, e desta forma serão valiosas. As árvores que não dão frutos, apenas folhas, costumam não ter coração. Convém conhecê-las, umas para desfrutar, outras, para ficar à sombra.

167. *Saiba ajudar-se*. Não há melhor companhia nos grandes apuros do que um bom coração, e quando fraquejar deve-se suprir do que lhe está próximo. É menor a fadiga de quem sabe se valer. Não se deve render à fortuna, pois tudo se pode perder. Por não dominarem os trabalhos, alguns os têm em dobro, ou por não se esforçar. Aquele que se conhece socorre as próprias fraquezas; e o discreto sai de tudo com vitória, ganhando as estrelas.

168. *Não se renda aos monstros da tolice*. Eis todos os orgulhosos, presunçosos, insistentes, caprichosos, extravagantes, convencidos, fingidores, jocosos, fofoqueiros, incoerentes, sectários e todo tipo de homens destemperados, monstros da impertinência. Toda a monstruosidade do caráter é mais hedionda que a do corpo, pois desdiz a beleza superior. Porém, quem há de corrigir tanto desconcerto! Onde falta o discernimento não há lugar para a direção — esta, a observação de si seguida da reflexão; o vaidoso, entretanto, nada vê além dos aplausos que imagina receber.

169. *Não erre uma, mesmo ao acertar cem*. Ninguém olha para o Sol resplandecente; apenas quando está

eclipsado. As opiniões vulgares não o avaliarão por seus acertos, mas pelos erros. Mais conhecidos são os falhos, pelos murmúrios, do que os bons, pelos aplausos, e muitos nunca tornaram-se conhecidos até que lhes descobriram os delitos. Nem todos os acertos bastam para desmentir um mínimo erro, e a maledicência desengana todo o homem, pois lhe nota todas as falhas, mas nenhum acerto.

170. *Guarde uma reserva de todas as coisas*. Assim, assegura-se a sua importância. Não use todos os seus bens, tampouco todas as forças de uma vez. Até no saber deve haver resguardo, que é a perfeição dobrada: sempre deve haver algo a que apelar no caso de algo sair mal. Mais vale o socorro à ousadia, pois tem valor e crédito. O proceder da sensatez sempre foi algo seguro, e ainda nesse sentido é verdadeiro o mordaz paradoxo: "Maior é a metade do que o todo".

171. *Não gaste favores*. Os grandes amigos são para as grandes ocasiões. Não se deve empregar muita confiança em coisas poucas; seria desperdício da graça: a âncora sagrada reserva-se sempre ao último risco. Se ao pouco dedica-se muito, o que restará para depois? Não há coisa mais valiosa que os nossos intercessores,

nem mais preciosa do que o favor, quando urgente
— faz e desfaz no mundo, até o engenho tomá-lo.
Aos habilidosos por natureza inveja-se a aptidão para
guardar a fortuna. Deve invejar-se tanto mais, porém,
por conhecer e conservar as pessoas, mais que os bens.

172. *Não se comprometa com quem não tem nada a perder*. É lutar com desigualdade. O outro segue com desembaraço, pois já perdeu até mesmo a vergonha — tudo rematou, nada mais tem a perder, e assim vive com toda impertinência. Nunca exponha a tão cruel risco a sua inestimável reputação. O que lhe custou muitos anos para ganhar pode-se perder numa fração de segundo. Uma só grosseria faz gelar muito suor honrado. O homem sério deve estar atento quando tem muito a perder; zelando por seu bom nome, zela pelo contrário, e como age com atenção, reage com calma, pois dá tempo à prudência para retirar-se, mantendo o nome a salvo. Nem se houver vitória ganhará o que foi perdido expondo-se à derrota.

173. *Não seja frágil como o vidro*. Alguns se quebram com grande facilidade, revelando a sua frágil constituição. Ofendem-se por tudo, e nisso incomodam os outros. Mostram ser mais meninas do que aquela dos olhos, que não permite ser tocada

nem por brincadeira, nem a sério. Grande esforço é tratar com elas, atendendo sempre a seus caprichos, pois a mais leve contradição as tira de seu juízo. São comumente cheios de si, escravos dos sentidos; por eles atropelam tudo, idólatras das próprias honras. A condição do amante tem a metade do diamante em resistência e eternidade.

174. ***Não se apresse***. Saber dividir as coisas é saber aproveitá-las. A muitos sobra-lhes vida e se lhes acaba a felicidade; malogram as alegrias, que não desfrutam, e querem depois voltar no tempo quando já é tarde demais. Postilhões do viver, além do correr comum do tempo, acrescentam o seu atropelo. Querem em um dia devorar o que poderão digerir em toda a vida. Vivem antecipados nas felicidades, comem os anos por vir, e como seguem com tanta pressa acabam logo com tudo. Mesmo na sabedoria é preciso cautela para não ter as coisas mal sabidas. Mais longos os dias do que as fortunas — ao desfrutar, vagareza; ao agir, tenha pressa. As façanhas bem estão quando feitas; o contentamento, quando permanece.

175. ***Homem de substância*** — aquele que é não confie nos que não o são. Infeliz é a eminência

que não se funda na substância. Nem todos os que parecem são homens: há os homens de mentira, que concebem quimeras e dão à luz enganos; há outros, seus semelhantes, que os apóiam e gostam mais do incerto que promete um embuste — por serem muitos — que do certo que garante uma verdade — por serem poucos. No fim das contas saem mal os seus caprichos, pois não têm fundamentos. Apenas a verdade pode trazer autêntica reputação, seu fundamento a sustenta. Uma mentira requer outras tantas, e assim tudo o que se diz ou se faz nessa direção segue equivocado; funda-se no ar, mas precisa vir à terra. A mentira nunca envelhece, pois à visão de suas excessivas promessas fazem-se suspeitas. O que exige demasiadas provas, prova-se como falso.

176. *Escute sempre aquele que sabe*. Não se vive sem compreensão, própria ou adquirida. Há muitos que ignoram que não sabem, e outros que pensam que sabem, sem saber. Achaques de estupidez são irremediáveis; como os ignorantes não conhecem a própria ignorância, também não buscam o que lhes falta. Alguns seriam sábios se não acreditassem em sua sabedoria. Assim, ainda que sejam raros os oráculos da prudência, vivem ociosos, pois ninguém

os consulta. Tomar conselhos não diminui a grandeza ou a capacidade; porém, é preciso aconselhar-se bem. Ouça e discuta as razões, para que não lhe derrotem as objeções.

177. ***Evite intimidades no trato***. Não as cometa, não as permita. Aquele que é invasivo perde logo a superioridade que lhe dava a integridade, e com ela a estima. Os astros conservam seu esplendor por não tocarem uns nos outros; a divindade exige decoro, a humanidade atrai o desprezo. Das coisas humanas, quanto mais se tem, menos se tem; pois com a comunicação comunicam-se as imperfeições ocultas pelo recato. Não convém intimidades com ninguém: nem com os maiores, pelo perigo; nem com os menores, pela indecência. Menos ainda com a vilania, pois há muitos atrevidos e néscios, que, sem reconhecer os favores, tomam-nos como sua obrigação. A facilidade é irmã da vulgaridade.

178. ***Escute o seu coração***. Nunca o desminta, pois costuma ser certeiro com o que importa: um oráculo caseiro. Muitos pereceram do que mais temiam, mas de que serviu temê-lo sem remediar? Têm alguns o coração leal, vantagem natural daqueles que prevêem

e usam pesares como remédios. Não é prudente sair em busca dos males; mas sim de encontrá-los para vencê-los.

179. *O silêncio é o selo da capacidade*. Peito sem segredo é carta aberta. Espíritos profundos guardam profundos segredos, pois em grandes espaços funde-se o que é de valor. Exige um grande domínio de si, e vencê-lo é o verdadeiro triunfar. Muitos pagam pelo que deixam escapar. A serenidade interior é a maior virtude da prudência. Os riscos do resguardo são a tentação alheia: contradizer para distorcer, provocar para revelar. Aqui o atento deve estar mais fechado. As coisas a fazer não devem ser ditas, as que se dizem não se devem fazer.

180. *Não use a medida do inimigo*. O tolo nunca fará o que faz o homem sensato, pois dc tal maneira não alcançará o que busca. O sensato tampouco fará o mesmo que o néscio, pois não irá contra os seus propósitos, e além disso é o que se espera. Os assuntos serão discutidos por ambas as partes, resolvendo-se por um e outro lado, dispondo-os em duas vertentes. São muitas as opiniões: que atente-se a indiferença, não tanto para o que será, mas para o que poderia ser.

181. *Sem mentir, não dizer toda a verdade*. Não há coisa que exija mais cuidado do que a verdade, que é um sangrar do coração. É necessário tanto saber dizê-la quanto saber calar. Com uma única mentira perde o crédito a integridade: o engano é tido por falto, o enganador, por falso — o que é muito pior. Nem todas as verdades podem ser ditas, algumas porque lhe afetam, outras por afetarem os outros.

182. *Um grama de audácia para se manter sensato*. É preciso moderar o conceito dos demais para não tê-los em tão alta conta a ponto de temê-los: nunca renda a imaginação ao coração. Há homens que parecem muito, até que ao tratar com eles temos mais desilusão do que estima. Nenhum excede os mais curtos limites do homem; todos têm o seu senão, alguns no engenho, outros no gênio. A dignidade da aparente autoridade poucas vezes acompanha a dignidade pessoal, pois costuma vingar a sorte a superioridade do cargo na inferioridade dos méritos. A imaginação sempre se adianta e pinta as coisas muito maiores do que são. Não concebe apenas o que é, mas o que poderia ser. Que a razão possa prever experiências, que nem a tolice seja tão atrevida, nem a virtude, temerosa. E se basta a simplicidade para ganhar confiança, tanto mais o valor e o saber!

183. **Sem opiniões obstinadas.** Todo tolo é insistente e todo insistente é tolo, e quanto mais erradas as opiniões, maior a insistência. O melhor é ceder, mesmo quando tiver razão: ganha-se mais pelo cavalheirismo do que pela argumentação. Mais se perde com a insistência do que poderia ganhar a persuasão. Não se trata de defender a verdade, mas de grosseria. Há aquelas cabeças-duras, difíceis de convencer, irremediáveis; e quando juntam o capricho e a obstinação, resulta na exaustiva estupidez. Tenha firmeza na vontade, não no juízo. Desta forma não há de ceder, pois perderia duas vezes: uma nas palavras, outra nas ações.

184. **Não seja cerimonioso.** Que até mesmo entre os reis a cerimônia é parte da formalidade do cargo. É enfadonho aquele que exige atitude cerimoniosa, e há países aos quais ela gerou muitos males. O vestido da tolice é cosido nestes pontos. Idólatras da própria honra, mostram que se funda sobre pouco, pois temem que tudo a possa ofender. Bom é buscar o respeito sem a necessidade de estabelecer exigências de tratamento. É verdade que o homem sem formalidades necessita de excelentes virtudes. Não se deve afetar, tampouco desprezar as cortesias:

não demonstra grandeza aquele que repara em pequenezes.

185. **_Não arrisque tudo em uma única jogada_**, pois, se não for certeira, o dano é irreparável. É muito comum errar na primeira tentativa: nem sempre estamos nas melhores condições, e por isso dizemos que "não é o nosso dia". Mantenha recursos para uma segunda partida, que poderá lhe salvar em caso de perda da primeira. Se acerta na primeira, poderá dizer que ganhou duas vezes: a primeira salvou a segunda e salvou a si mesma. Guarde sempre recursos para recuperar-se ou aprimorar-se: as coisas dependem das circunstâncias; assim, é rara a felicidade de sair-se bem.

186. **_Conhecer os defeitos_**, por mais autorizados que estejam. Não ignore a integridade do vício, ainda que vestido de brocado: coroa-se talvez de ouro, mas nem por isso se pode dissimular o ferro. Não deixa de obedecer à sua vileza, ainda que coberta de nobreza. Os vícios bem podem estar realçados, mas não são distintos. Alguns tolos dizem que foi a falha de um herói, quando o certo é dizer que não é herói aquele que falhou. Sua grandeza é tão falsa que se agarra a seus enganos e quer transformá-los

em virtude, e seus lisonjeiros não se dão conta de que a aparente grandeza não consegue dissimular tão abomináveis baixezas.

187. ***O favorável, faça você; o odioso, deixe com outro***. Com o primeiro se garante a afeição, com o outro, recusa-se a malevolência. Dá mais gosto fazer o bem que recebê-lo; para os virtuosos, a maior felicidade é praticar a generosidade. Poucas vezes causa-se desgosto a alguém sem desgostar-se a si, seja por compaixão ou arrependimento. As causas superiores não agem sem prêmio ou sentença, influenciam imediatamente o bem e mediatamente o mal. Tenha onde levar os golpes dos descontentes, que são o ódio e a murmuração. Costuma a raiva vulgar ser como a canina, que, desconhecendo a causa de seu prejuízo, volta-se contra o instrumento; e, ainda que este não tenha culpa, padece, de imediato, da pena.

188. ***As boas palavras***. É demonstração de bom gosto e de elevados sentimentos, que valoriza a estima de quem ouve. Quem antes soube conhecer a perfeição, saberá estimá-la depois. Dê matéria à conversação e à imitação, adiantando as possíveis novas. É um modo político de oferecer cortesia aos presentes. Outros, ao contrário, vivem sempre a vituperar, lisonjeando os

presentes e maldizendo os ausentes. Saem bem com os superficiais, que não furtam-se à sanha de falar mal de uns com outros. É política de alguns estimar mais as mediocridades de hoje que as grandezas de ontem. Saiba o atento identificar essas sutilezas imediatamente, e não se surpreenderá com o exagero de um e nem as lisonjas dos néscios que o recebem — compreenda que o mesmo se dá em ambas as partes: mudam a direção de suas palavras ocas para se ajustarem ao lugar em que se encontram.

189. *Valer-se da necessidade alheia*. Aquele que não tem, deseja, e quem o oferece controla a sua vontade. Disseram nada serem os filósofos e tudo os políticos. Estes a conheceram melhor: avançam sobre os desejos das pessoas, aproveitam-se da necessidade que têm e, afirmando a dificuldade em satisfazê-la, excitam-lhes o apetite. Destacam mais o sofrimento da falta do que a satisfação da posse; e, quanto mais cresce a dificuldade, mais cresce o desejo. Grande sutileza a de oferecer o que se deseja e conservar a dependência.

190. *Em tudo encontre consolo*. Até os inúteis o tem, de ser eternos. Não há labuta sem consolo. Os tolos podem ser venturosos, e também diz-se que "a sorte

da feia a bela a deseja". Para viver muito, é arbítrio valer pouco. A vasilha quebrada é a que nunca se acaba de romper, que perpetua em sua duração. O destino parece invejar-se com a fortuna das pessoas mais importantes, pois iguala a duração e a inutilidade de umas à importância e brevidade das outras. Faltarão os que importam, permanecerá eterno aquele que nada vale, seja porque o parece, seja porque realmente é assim. O desafortunado parece esquecido pela sorte e pela morte.

191. ***Não se fie de muita cortesia***, que é uma espécie de engano. Há quem não necessite das ervas da Tessália para enfeitiçar, basta-lhes a boa fisionomia e um chapéu para encantar os tolos. Dão um preço a sua honra, e pagam com o sopro de algumas boas palavras. Quem promete tudo nada promete, e prometer é o deslize dos tolos. Verdadeira cortesia é a do dever, a afetada é engano, e a mais desusada; não é decência, mas dependência. Não fazem dirigir-se à pessoa, mas à lisonja e à fortuna; não se dirigem às virtudes que reconhece, mas às utilidades que espera.

192. ***Homem de grande paz, homem de muita vida***. Para viver, deixar-se viver. Não só vivem os pacíficos,

mas reinam. Deve-se ver e ouvir, mas calar. Dia sem disputas, noite de bons sonhos. Viver muito e viver com gosto é viver em dobro, é o fruto da paz. Tudo pode aquele que não lida com o que não lhe diz respeito. Não há maior despropósito do que tomar tudo como um propósito. Tolice semelhante é entregar o coração a quem não o merece, e que não ponha em seu lugar a quem lhe importa.

193. *Atenção a quem entra com a alheia para sair com a sua*. Não há maior preparo para a astúcia quanto a atenção. Ao entendido, um bom entendedor. Alguns enganam a si mesmos e fazem alheio o negócio próprio, e com dissimulação empenham-se passo a passo em aproveitar-se do esforço alheio, dos calos de outras mãos.

194. *Consciência de si e de suas coisas*. Todos concebem-se mais do que são, também os que são menos. Cada um sonha com a própria fortuna e imagina-se um prodígio. Empenha-se veementemente à esperança e nada cumpre com sua experiência. Serve de tormento a sua vã imaginação o desengano da realidade verdadeira. A sensatez corrige semelhantes desacertos, e, ainda que deseje o melhor, sempre há

de esperar o pior para receber com equanimidade o que há de vir. É correto aspirar ao mais elevado para atingir o alto, mas não tanto a ponto de gerar temor no início das tarefas. É preciso lembrar desta informação, que costuma desatinar a presunção sem experiência. Não há medicina mais universal a todas as tolices do que o juízo. Conheça cada um a dimensão de sua atividade e estado, e poderá equilibrar realidade e conceito.

195. *Saber estimar*. Não há quem não possa ser mestre de outrem em algo; tampouco há quem não exceda ao que excede. Saber desfrutar de cada um é útil sabedoria: o sábio a todos estima, pois reconhece o lado bom de cada um, e sabe o valor das coisas, de fazer o bem. O tolo a todos despreza, por ignorar o bom e escolher o pior.

196. *Descubra a sua estrela*. Ninguém é tão desvalido que não a tenha, e, se é desafortunado, é por não conhecê-la. Têm alguns lugar entre os príncipes e poderosos sem saber como e por quê, exceto que seu próprio destino lhe facilitou o favor; basta à situação a sua manutenção. Outros se encontram com a graça dos sábios: foi algum mais aceito em uma nação do que em outra, mais bem-visto nesta cidade do que

naquela. Experimenta-se também mais sorte em um emprego ou estado do que em outros, e tudo isso em igualdade e identidade de méritos. Move-se como e quando quer a sorte: que cada um conheça a sua, assim como sua Minerva, que daí segue a vitória ou o pesar. Saiba segui-la e ajudá-la; não as confunda, pois seria errar a direção que lhe aponta o destino.

197. **Nunca envolver-se com os tolos.** Tolo é aquele que não os reconhece; mais ainda aquele que, reconhecendo-os, não se afasta. São perigosos para o trato superficial, perniciosos para a confidência. Ainda que por algum tempo seu próprio receio os contenha, além do cuidado alheio, cedo ou tarde fazem alguma tolice, ou a dizem, e se levam tempo é para fazer o mal maior. Quem não tem prestígio não pode ajudar no prestígio alheio — seres infelizes, inconformados, um peso a mais àquele que o carrega. Têm apenas algo de bom: contribuem com a experiência dos sábios, quer como lição, quer como lembrete.

198. **Saber transplantar-se.** Há nações que para se conhecer devem mudar de lugar. São as pátrias madrastas das próprias eminências: reina nelas a inveja como na terra conatural, e mais se lembram

das imperfeições com que alguém iniciou que da grandeza que conseguiu chegar. Um alfinete pode obter estima, passando de um mundo a outro, e um vidro pode desprezar o diamante, se vai para onde seja mais útil. Todo estrangeiro é estimado, seja porque veio de longe, seja porque dedica-se a seu ofício com perfeição. Há aqueles que foram desprezados em seu país e hoje são a honra do mundo, estimados pelos seus e pelos outros — por serem vistos de longe, por estarem longe. Nunca adorará a escultura no altar aquele que a conheceu como um tronco bruto.

199. *Que lhe vejam como sensato, não como intrometido*. O verdadeiro caminho para a estima é o dos méritos, e se a ação se funda no valor já tem um atalho para a sua realização. A integridade, isolada, não basta. A boa vontade, sozinha, é indigna, pois chegam tão manchadas as coisas que dão asco à reputação. Tão importante é merecer e como saber apresentar-se.

200. *Ter o que desejar*. Para não ser felizmente miserável, respire com todo o corpo e deseje ser espírito. Se tudo possui, restaria desengano e descontentamento; mesmo para o intelecto deve haver algo novo a alcançar. A esperança alimenta; os

excessos de felicidade são mortais. Ao recompensar, nunca se deve satisfazer: se não há nada a desejar, tudo se deve temer: desafortunada fortuna! Onde acaba o desejo começa o temor.

201. *Todos os que parecem tolos o são, e a metade dos que não parecem.* A tolice tomou conta do mundo, e se há algo de sabedoria, é loucura comparada à que vem do Céu. Porém, mais tolo é aquele que crê não ser tolo e acusa os demais de sê-lo. Para ser sábio não basta parecê-lo, e menos ainda julgar-se sábio: aquele sabe que pensa que não sabe; e não vê que os outros vêem. O mundo está cheio de tolos, não há quem pense nisso, não há quem o receie.

202. *Ditos e feitos fazem nobres varões.* Deve-se falar muito bem e agir com honra: uma é perfeição da cabeça, outra a do coração, e ambas nascem do ânimo superior. As palavras são sombras dos feitos: são aquelas as fêmeas, estes, os varões. Mais importa ser celebrado que celebrador. O dizer é fácil, difícil é agir. As façanhas são a substância do viver, e as sentenças, seu brilho: a eminência dos feitos dura, e dos ditos, se esvai. As ações são fruto das atenções — há alguns sábios, há outros heróicos.

203. **Conhecer as eminências de seu século**. Não são muitas: uma Fênix no mundo inteiro, um grande capitão, um orador magnífico, um sábio do século, um rei notável entre tantos. As mediocridades são ordinárias em número e apreço, as eminências, raras em tudo, pois pedem perfeição, e quanto mais sublime a categoria, mais difícil chegar ao topo. Muitos tentaram alcançar o renome de César e Alexandre, em vão, pois sem os feitos não são mais que vozes ao vento: poucos Sênecas existiram; um Apolo, apenas, celebrou a fama.

204. **O fácil será difícil, e o difícil, fácil**. Ali, para que a confiança não se descuide; aqui, para que a desconfiança não leve ao descuido: não é necessário nada mais para que se faça algo do que dá-lo por feito. Ao contrário, a diligência acalma a impossibilidade. Os grandes esforços não devem ser medidos: basta oferecer-se, para que a dificuldade, advertida, não ameace o reparo.

205. **Saber usar do desprezo**. Para conseguir as coisas, desprezá-las. Não se encontram normalmente quando buscadas, e depois, ao descuido, vêm à mão. Como todas as coisas de aqui são sombras das coisas eternas,

compartilham com a sombra a sua propriedade: fogem de quem as segue e correm atrás de quem as foge. É também o desprezo a mais política vingança. A máxima dos sábios diz para nunca defender-se com a pena, que deixa rastros, e vem a ser mais glória do rival que o castigo pelo atrevimento. Apenas os homens indignos opõem-se aos grandes homens para serem indiretamente celebrados, quando não merecem admiração direta. Não conheceríamos muitos homens se não tivessem sido excelentes adversários. Não há vingança como o esquecimento, que é a sepultura no fundo de seu próprio vazio. Temerários, presumem fazer-se eternos destruindo as maravilhas do mundo e dos séculos. Para calar os murmúrios, não lhes faça caso: refutá-la causa prejuízo e descrédito. Diante da disputa, complacência, que logo a sombra da desonra se esvai, e não escurece de todo a maior perfeição.

206. ***Está o vulgo em todas as partes***, até mesmo em Corinto, na mais distinta família. Portas adentro de sua casa haverá algum deles. Porém, o mais vulgar entre os vulgares, é quem o diz a todo mundo — é como pedaços de um espelho trincado, cujo brilho revela seus pedaços. Fala ao tolo e censura o impertinente; grande discípulo da ignorância, padrinho da torpeza

e da tolice, aliado da maledicência. Não compreende o que diz, tampouco o que sente. É importante conhecê-lo para livrar-se dele, qualquer tolice é vulgaridade; o vulgo compõe-se de néscios.

207. ***Usar os boatos***. É preciso estar mais desperto nos acasos. Os ímpetos das paixões são desfiladeiros da sensatez, onde é arriscado perder-se. Avança-se mais em um átimo de furor ou contentamento do que em muitas horas de indiferença. Corre uma vez por impulso para correr depois a vida toda. A astuta intenção alheia traça essas tentações da prudência para descobrir o terreno inimigo; vale-se de semelhantes armadilhas de segredos para apurar com maior profundidade. Oponha-se aos ardis do boato, especialmente os lançados de repente; é necessário reflexão para se frear o cavalo da paixão — excelente cavaleiro o que o faz. Aquele que vê o perigo deve ter calma. Tanto parece ligeira a palavra ao que a profere, quanto soa grave ao que a recebe e pondera.

208. ***Não morrer de um ataque de tolice***. É comum os sábios morrerem carentes de sensatez. Ao contrário, os tolos morrem fartos de conselhos. Morrer de tolice é morrer da excessiva conjectura. Alguns

morrem porque sentem; outros, vivem porque não sentem. Assim, alguns são tolos por não morrerem de sentimento, outros, por morrerem por ele. Tolo é aquele que morre de compreensão abundante, de modo que alguns morrem como entendedores e outros vivem como desentendidos; porém, por morrerem muitos de tolos, poucos tolos morrem.

209. ***Livrar-se das tolices ordinárias***. Assim será dono de sua sensatez. São muito comuns pelo amplo uso, e alguns, que não se renderam à ignorância particular, não souberam escapar da comum. Vulgaridade é não estar satisfeito com a própria sorte, mesmo a maior, e nem descontente de seu ofício, mesmo o pior. Todos cobiçam a felicidade alheia, descontentes da própria. Também admiram os de hoje as coisas de ontem, e os de aqui, as coisas de além. Todo o passado parece melhor, e o distante, mais agradável. Tão tolo é aquele que ri de tudo como aquele que se aborrece com tudo.

210. ***Saber julgar a verdade***. É perigosa, mas o homem de bem não pode deixar de dizê-la. Nessas horas é mister o artifício. Os hábeis doutores do ânimo tentaram de algum modo suavizá-la, pois quando toca

o desengano é a quintessência da amargura. As boas maneiras valem-se aqui de sua destreza, e com uma mesma verdade é possível elogiar um e repreender outro. Pode-se falar aos presentes como algo passado. Ao bom entendedor, basta bruxulear; e quando nada mais bastar, é hora de emudecer. Os príncipes não se hão de curar com palavras amargas: para isso há a arte de enfeitar desilusões.

211. **No Céu**, tudo é contentamento; no Inferno, é pesar. No mundo, que está entre eles, é um e outro. Estamos entre dois extremos, e assim vive-se entre ambos. Alternam-se as sortes: nem tudo há de ser felicidade, nem tudo adversidade. Este mundo é o zero: sozinho, nada vale; unindo-o ao Céu, vale tudo. A indiferença a suas variações é sensatez, aos sábios pouco importam as novidades. Nossa vida desenrola-se como uma comédia e no fim se esclarece: atenção, pois, em terminá-la bem.

212. *Reserve sempre as últimas artimanhas da arte*. Arte dos grandes mestres, que valem-se de sua sutileza mesmo ao ensiná-la. Sempre será superior, sempre mestre. É preciso arte ao comunicar a arte; nunca se deve esgotar a fonte do ensinar, tampouco a fonte

do oferecer. Dessa forma conserva-se a reputação e a dependência. No agradar e no ensinar deve-se observar aquela grande lição de nutrir sempre a admiração e aprimorar-se à perfeição. A economia das matérias foi grande regra de viver, de vencer, ainda mais nos ofícios mais sublimes.

213. *Saber contradizer*. É grande astúcia do tentar; não para empenhar-se, mas para empenhar. É a única distorção que faz saltar os afetos; é repugnante aos segredos a indiferença da descrença: chave do mais cerrado peito. É preciso sutileza na contradição, a firme vontade, mas com cuidadoso juízo. A sagacidade de contradizer o outro abre espaço a seus segredos mais profundos e os faz adiantar-se suavemente à boca, até trazê-los à língua, fazendo-os cair nas redes do artificioso engano. A contenção do atento faz o outro atirar-se sobre ele, acreditando que o pode dominar, e seu coração inescrutável. Uma dúvida dissimulada é o mais sutil algoz da curiosidade para descobrir o que quiser. Para aprender, é tarefa do discípulo contradizer o mestre, que empenha-se com mais determinação na defesa e fundamentação da verdade, de modo que a impugnação moderada resulta no ensinamento completo.

214. ***Fazer duas tolices de uma***. É muito comum: para consertar um erro, cometer outros quatro. Justificar um erro com outro maior é qualidade da mentira, ou mesmo de estupidez, pois, para sustentar uma mentira, precisa-se de outras muitas. À má-disputa foi pior o patrocínio; e pior que o próprio mal é não saber remediá-lo. É característica das imperfeições dar vazão a outras muitas; com um descuido pode cair o maior dos sábios, mas não em dois — e por mero acaso, não por reflexão.

215. ***Atenção a quem chega com segundas intenções***. É ardil do negociante descuidar da vontade para acometê-la, vencendo-a ao convencê-la. Dissimula o intento para obtê-lo, e coloca-se em segundo para, no fim, chegar primeiro. Assegura-se o tiro no desaviso. Que não durma a atenção com tão desvelada intenção, e se esta faz-se segunda para a dissimulação, aquela seja primeira para o conhecimento. Advirta a cautela o artifício que semeia, e observa os brotos de sua pretensão. Propõe um, pretende outro, e com sutileza age e reage até alcançar seu propósito. Saiba, pois, o que lhe concede, e talvez convenha dar a entender que está entendido.

216. *Falar com clareza não só por desenvoltura, também pelo conceito*. Alguns concebem bem e dão à luz mal, pois sem clareza não nascem os filhos da alma, os conceitos e decretos. Têm alguns a capacidade das gamelas que percebem muito e dizem pouco; ao contrário, outros dizem ainda mais do que sentem. O que é a resolução na vontade é a explicação do entendimento. Duas grandes eminências: os engenhos claros são plausíveis, os confusos foram venerados por não serem compreendidos e, talvez, convenha a obscuridade para afastar a vulgaridade. Como, porém, farão os demais conceito do que ouvem, se não têm um conceito mental do que lhes dizem?

217. *Não amar ou odiar eternamente*. Os amigos de hoje podem ser inimigos amanhã — e os piores. E, pois, se pode ocorrer na realidade, é necessária a prevenção. Não se deve dar armas aos traidores da amizade, pois delas fazem as piores guerras. Com os inimigos, o oposto: mantenha as portas abertas à reconciliação, e que seja a da cortesia, a mais segura. Que perturbe depois a vingança de antes, e sirva de pesar a alegria da má ação que lhe fizeram.

218. *Nunca agir por teimosia, mas por reflexão*. Toda teimosia é doença, filha da paixão, a que nunca executou ações direitas. Há aqueles que de tudo criam guerras; bandoleiros do trato, quando agem querem a todos derrubar: não sabem atuar pacificamente. Estes, para governar e mandar, são perniciosos, fazem do governo um bando e inimigos daqueles que seriam seus filhos: querem manipular tudo e obter como fruto de seu artifício. Porém, quando os outros descobrem seu humor paradoxal, logo voltam-se contra ele. Buscam impedir suas quimeras, e nada conseguem. Fartam-se de aborrecimentos, e todos lhes auxiliam nos desgostos. Estes têm as opiniões lesadas e talvez lesado o coração; para tratar com semelhantes monstros é preciso fugir para o mais longe, para os antípodas: por mais bárbaros que sejam estes, não se igualam à crueldade daqueles.

219. *Que não o tenham como homem de artifícios*, ainda que seja impossível viver sem eles. Antes prudente que astuto. A todos lhes agrada a lisura no trato, mas nem todos a fazem valer. Que a sinceridade não seja o extremo da simplicidade; tampouco a sagacidade da astúcia. Seja antes venerado como sábio do que temido como estrategista. Os sinceros são amados, porém enganados. O maior artifício é encobrir os

artifícios. No século de ouro floresceu a sinceridade; neste, de ferro, floresceu a malícia. O crédito daquele que sabe o que fazer é honroso e traz confiança, mas o artificioso é sofisticado e desperta receio.

220. *Se não pode vestir-se na pele do leão, vista-se na da raposa.* Saber ceder ao tempo é vencer: aquele que se lança a um bom projeto nunca perde a reputação; na falta de força cultive a destreza; por um caminho ou por outro, por sua natureza ou pelo atalho do artifício. Mais triunfo cultiva a habilidade do que a força, e mais vezes venceram os sábios os valentes do que o contrário. Quando não se consegue alcançar o seu objetivo, vem o desprezo.

221. *Não seja agressivo para não prejudicar-se a si mesmo.* Há tropeços no decoro, tanto próprio como alheio, sempre inclinados à tolice. Encontram-se com grande facilidade e disseminam infelicidade; não se satisfazem com cem incômodos diários; têm o humor vacilante e contradizem quem quer que apareça. Têm o juízo ao revés, e por isso tudo reprovam. Os maiores tentadores da sensatez são os que nada fazem bem e de tudo dizem mal. Há muitos monstros no vasto país da impertinência.

222. ***Homem contido, prudência evidente***. A língua é como uma fera — uma vez solta, difícil capturá-la novamente: é o pulso da alma, por onde conhecem os sábios a sua grandeza. Aqui medem os atentos o movimento do coração: o mal é que aquilo que havia de guardar-se mais, guarda-se menos. Afasta-se o sábio de enfados e empenhos e demonstra o quão é senhor de si. Segue circunspecto, Jano na eqüidade, Argos na verificação. Melhor seria se Momo houvesse deixado menos os olhos nas mãos do que janelas no peito.

223. ***Não ser demasiado excêntrico***, para não incomodar ou cair no ridículo. Alguns são demasiado excêntricos com suas manias, que são mais defeitos que diferenças; e assim como alguns são bem conhecidos por algum defeito visível no rosto, estes o são por seus excessos comportamentais. De nada vale a excentricidade além de chamar atenção, com especial impertinência. A muitos traz o riso, a outros tantos, o enfado.

224. ***Saber receber as coisas, nunca com repulsa***. Todas têm seu lado bom e ruim: a melhor e mais benéfica, agarrada pelo corte, pode ferir; por outro lado, a mais repugnante, se agarrada pela empunhadura, defende. Muitas foram as penas que, consideradas

as conveniências, foram benéficas. Em tudo há convenientes e inconvenientes, a destreza está em buscar a suavidade. Uma mesma coisa tem muitos ângulos se vista sob diferentes luzes: olhe pela luz da felicidade. Não se deve trocar os freios do bem e do mal: daqui procede que alguns em tudo encontram alegria, e outros, pesar. Grande antídoto contra todos os reveses do destino, grande regra do viver para todo o tempo e toda ação.

225. ***Conheça o seu principal defeito***. Ninguém vive sem o contrapeso de sua principal qualidade, e se a inclinação lhe favorece, este apodera-se como um tirano. Comece a combatê-lo publicando o cuidado contra ele; que o primeiro passo seja o seu reconhecimento, pois assim poderá ser vencido; têm consciência dele o seu dono e aqueles com quem trata. Para ser senhor de si mesmo é necessário enfrentar-se a si mesmo. Ao render esse ponto de imperfeição, todas também cairão.

226. ***Atenção ao obrigar***. A maioria dos homens não falam e nem agem como são, mas de acordo com o que lhes obrigam. Para persuadir o mal qualquer coisa vale, pois que nele muito se crê, ainda que seja

incrível. O melhor que temos depende do respeito alheio. Alguns contentam-se em ter razão, mas isso não basta, é preciso auxiliá-la com diligência. Às vezes custa muito pouco obrigar, e muito vale. Com palavras se compram ações. Não há jóias tão vis nesta grande casa do universo que não sejam necessárias ao menos uma vez ao ano, e, ainda que valham pouco, fazem grande falta: cada um fala do objeto segundo o próprio afeto.

227. *Não se fie às primeiras impressões*. Alguns se casam com a primeira informação, de modo que as demais são concubinas; e como à frente sempre vem a mentira, não sobrará lugar para a verdade. Nem satisfaça a vontade com o primeiro objeto, nem a reflexão com a primeira proposição, pois faz-se raso o que é profundo. Alguns têm a capacidade da taça nova, que os primeiros odores dominam, seja do mau licor, seja do bom. Quando conhecida tal limitação, é perniciosa, pois atrai a maliciosa intenção: tingem os mal-intencionados a credulidade da cor que lhes convém — deixe sempre espaço para reflexão e faça como Alexandre, que guardava o outro ouvido para uma segunda impressão, deixando espaço a segundas e terceiras informações. Atinja a incapacidade de impressionar-se, e estará próximo de apaixonar-se.

228. **Não seja maledicente**. Muito menos tenha más opiniões, que é ter a fama de difamador. Não seja conhecido a custo da fama dos outros, que é mais odioso do que difícil: todos voltam-se contra você, difamando-o; e como é um só, e eles muitos, mais rápido será vencido do que eles convencidos. Não se deve contentar com o mal, nem comentá-lo. Aquele que causa intrigas é sempre aborrecido, e ainda que às vezes grandes personalidades tratem com ele, é mais por gosto de suas fofocas que por estima a seu caráter. Aquele que diz mal sempre ouve pior.

229. **Saber repartir a sua vida** não à medida que surgem as ocasiões, mas por providência e ordem. É penosa e sem descanso, uma longa jornada sem paradas; faça dela bem-aventurada de erudições. Gasta-se a primeira estância do belo viver em falar com os mortos; nascemos para conhecer e conhecer-nos, e os livros certamente nos fazem melhores pessoas. A segunda jornada empreende-se com os vivos: ver e registrar todo o bem do mundo. Nem todas as coisas se encontram em um só lugar; repartiu os dotes o Pai universal e por vezes enriqueceu o mais feio. A terceira jornada deve ser toda para si: última felicidade é filosofar.

230. ***Abrir os olhos com o tempo***. Nem todos que vêem têm abertos os olhos; nem todos que olham, vêem. Dar-se conta tarde não serve de remédio, senão de pesar; alguns só vêem quando já não há: desfizeram as suas casas e suas coisas antes de fazerem-se a si mesmos. É dificultoso dar entendimento a quem não tem vontade, mais ainda dar vontade a quem não tem entendimento: jogam com eles aqueles que o rodeiam, como com cegos, para deleite dos demais, e, por serem surdos, também não abrem os olhos. Mas não falta quem fomente tal insensibilidade — consiste seu ser em que outros não sejam. Infeliz cavalo cujo dono não tem olhos: engordará mal.

231. ***Não fazer as coisas pela metade***, aproveite-as em sua totalidade. Todos os princípios são disformes, e fica depois a imaginação de tal deformidade; a memória de tê-lo visto imperfeito impede a sua conclusão. Desfrutar de uma só vez algo grandioso confunde o juízo das partes, adéqua o gosto: antes de ser tudo é nada, e ao começar a ser ainda está profundamente dentro de seu nada. Quem vê preparar a mais farta refeição já não a serve por apetite, mas por asco; contenha-se, portanto, todo grande mestre de mostrar as suas obras por nascer. Aprenda com a natureza a não exibi-las antes que elas possam aparecer.

*232. **Ter algo de negociante**.* Nem tudo deve ser especulação, há que se ter ação. Os muito sábios são fáceis de enganar, pois, ainda que saibam o extraordinário, ignoram o ordinário da vida, que é mais necessário. A contemplação das coisas sublimes impede as mais rasteiras, e como ignoram o que primeiro deveriam saber, e que todos conhecem, ou são admirados ou temidos pelo vulgo superficial. Procure, pois, sábio varão, ter algo de negociante, o que baste para não ser enganado ou alvo de chacota. Seja um homem ágil, que, ainda que não seja a maior virtude, é a mais preciosa do viver. De que serve o saber se não sabe agir? Saber viver, hoje em dia, é o verdadeiro saber.

233. ***Não errar o gosto dos outros***, que é trocar um prazer por um pesar. Com o que pensam obrigar, alguns acabam por irritar, por não compreender os gênios. Há ações que para alguns são lisonja e, para outros, ofensa; e aquilo que parecia um favor foi ofensa. Às vezes mais custa dar desgosto do que haveria de custar o prazer: perdem a gratidão e o dom porque perderam de vista o agradar. Se não se conhece o gênio alheio não se poderá satisfazê-lo; assim, alguns que pensam dizer um elogio no fim

dizem vitupérios, um bem merecido castigo. Outros pensam em entreter com a própria eloqüência, e inquietam a alma com a sua loquacidade.

234. ***Não se comprometa com quem não se compromete***. Há que se aproveitar o silêncio, o dano na facilidade. Em assuntos de honra sempre será preciso o trato conjunto, de modo que a própria reputação deve cuidar da reputação alheia. Nunca se há de fiar; caso contrário, que seja de tal modo que a prudência possa ceder lugar à cautela. Seja o risco comum e recíproca a causa, para que não se transforme em testemunha aquele que se reconhece como agente.

235. ***Saber pedir***. Nada é tão dificultoso a alguns, nem tão fácil a outros. Há aqueles que não sabem negar: com eles, não são necessários ardis. Há outros para quem o *não* é a primeira palavra de todas as horas. Com estes é necessário astúcia, e com todos a oportunidade: tomar os espíritos alegres, ou em razão do corpo, ou do ânimo. Que a atenção daquele que atende não preveja a sutileza daquele que pede. Os dias de gozo são os do favor, que vem do interior para o exterior. Não se aproxime de alguém que acabou de negar a outro; pois estará amedrontado

com o *não*. Tampouco na tristeza se faz bom negócio. A obrigação de antemão é moeda de troca imoral.

236. ***Dar antes como favor o que seria prêmio depois***. É destreza dos grandes políticos; favores antes de méritos são prova de homens de responsabilidade. O favor antecipado tem duas eminências: a rapidez daquele que dá obriga ainda mais o que o recebe. Uma mesma dádiva, se depois é dívida, antes é comprometimento. Modo sutil de transformar obrigações, que quem deveria estar superior, para premiar, recai no inferior, obrigado a satisfazer. Isso se compreende com pessoas de responsabilidade, pois para homens vis melhor seria colocar o freio do que a espora, antecipando a recompensa da honra.

237. ***Nunca compartilhar segredos com os superiores***. Pensará em partir pêras e partirá pedras; muitos pereceram por serem confidentes: como colheres descartáveis, foram usados e descartados. Não é favor, mas um pesar, conhecer os segredos do príncipe. Muitos quebram os espelhos para não verem a própria feiúra: não vê o que não é possível ver, nem é bem-visto aquele que viu mal. Não se deve obrigar-se a ninguém — ao poderoso, menos. Seja com

benefícios feitos ou com favores recebidos, sobretudo, são perigosas as confianças da amizade. Aquele que diz os seus segredos a outrem faz-se escravo dele, e para os soberanos essa é uma violência que não pode durar. Desejam voltar e retomar a liberdade perdida, e para isso atropelarão tudo, até mesmo a razão. Os segredos, pois: não os ouça, nem os diga.

238. ***Conhecer as peças que lhe faltam***. Muitos seriam perfeitos se não lhes faltasse algo, sem o qual nunca conseguirão atingir a excelência. Em alguns, nota-se que muito poderiam se reparassem poucos detalhes. A alguns faz falta a seriedade, e isso apaga suas grandes virtudes; a outros, falta suavidade, um defeito que os familiares logo percebem, mais ainda entre os de alto posto. Em alguns deseja-se ação, em outros, ponderação. Todas essas faltas, se advertidas, poderiam ser supridas com facilidade, que o cuidado pode fazer do costume a sua segunda natureza.

239. ***Sem demasiada agudeza, mais importa a prudência***. Saber mais do que convém é despontar, pois as sutilezas comumente se quebram. Mais segura é a verdade permanente. Bom é ter compreensão, não impertinência. Muita discussão traz dúvida e

discussão. Melhor é um bom juízo substancial, que não discorre mais do que o necessário.

240. **Saber usar de sua tolice.** O maior sábio vale-se desta peça, e há ocasiões em que o maior saber consiste em demonstrar ignorância — não ignorar de fato, mas parecer que ignora. Com os tolos pouco importa ser sábio; com os loucos, pouco importa ser sensato. É preciso falar com cada um em sua linguagem: não é tolo aquele que passa por tolo, mas aquele que da tolice padece. E não se pode afetar demasiado, ou será duplamente tolo. A única maneira para ser benquisto é vestir-se da pele do mais simples dos brutos.

241. **As burlas, sofrê-las, mas não usá-las.** Quem as sofre sem resposta é um cavalheiro; quem as responde, admite derrota. Aquele que se descontrola nas brincadeiras tem muito de besta e o demonstra. Soa agradável a burla ignorada; saber sofrê-la é argumento da capacidade. Aquele que replica pode aguardar a tréplica. O melhor é deixá-las para lá; o mais seguro, não despertá-las. As maiores revelações nasceram nas burlas. Não há coisa que peça mais atenção e habilidade. Desde o princípio é preciso saber até que ponto poderá tolerar o gênio do outro.

242. ***Ir até o fim***. Há aqueles que tudo começam e não terminam; inventam, mas não prosseguem. Instabilidade de gênio: nunca chegam aos louvores, pois nada apresentam. Tudo interrompem. Alguns nascem com o defeito espanhol da impaciência; assim como é vantagem a paciência dos belgas. Estes acabam as coisas; aqueles, acabam com elas — esforçam-se até vencer a dificuldade e contentam-se com isso. Não sabem levar a cabo a vitória e provam que podem, mas não querem. Eis o defeito da leviandade ou da bondade. Se é boa a obra, por que não fica pronta? E, se é ruim, por que foi iniciada? Mate logo a caça; não passe a vida a espreitá-la.

243. ***Não seja pura bondade***. Alterne a astúcia da serpente e a candura da pomba. Nada é mais fácil do que enganar um homem de bem. Crê muito aquele que nunca mente, muito confia aquele que nunca engana. Nem sempre é tolice ser enganado; às vezes, é efeito da bondade. Há dois tipos de pessoas que previnem os danos: quem já foi muito enganado, por experiência própria; ou quem engana demais, por experiência alheia. Cultiva o primeiro a habilidade do receio, e o astuto, para o enredo. Não queira ser tão bondoso que desperte o mal do outro: seja

mistura de pombo e serpente — um prodígio, não um monstro.

244. ***Dívida e favor.*** Alguns homens transformam o favor próprio em alheio e, parece, dão a entender que fazem eles o favor quando conseguem. São tão experientes que dão a impressão de honrar aqueles a quem pedem. De tal maneira trocam papéis que parece que dão, quando o certo é que recebem, manipulando com extravagante habilidade a ordem do dever. Chegam a colocar em dúvida quem faz favor a quem, e dirigem tantas homenagens e lisonjas vãs àquele que lhes favoreceu que este sente que deve agradecê-lo por ter ajudado, transformando em dívida o que deveria ser gratidão. Trocam obrigação passiva em ativa: são tão bons políticos quanto gramáticos. Grande sutileza esta, sutileza ainda maior entendê-la, recuperando-lhe a honra e cobrando a cada um o seu papel.

245. ***Discorrer sobre o que é único***, fora do comum, demonstra superioridade: não se estima quem nunca se opõe: trata-se não de um sinal de amor, mas de amor próprio; não se deixe enganar com a lisonja retribuindo-a, antes a condene. Veja como um crédito

ser mencionado entre alguns, mais ainda entre aqueles que os bons maldizem. Livre-se de que as suas coisas agradem a todos — ou não são realmente boas, ou mentem-lhe, pois é de poucos a perfeição.

246. **Nunca dê satisfação a quem não pediu**, e, ainda que a peçam, é um erro se for desnecessária. Desculpar-se antes da ocasião é declarar a sua culpa: é sangrar-se a si mesmo estando saudável, é dar razão a quem lhe quer mal e aos maliciosos. A desculpa antecipada desperta o receio adormecido. Não dê a entender que sabe-se suspeito de algo, isso é como sair para buscar agravos — procure desmenti-lo com a integridade de suas ações.

247. **Saber um pouco mais e viver um pouco menos**. Outros crêem no contrário: mais vale o bom ócio do que o negócio. Nada temos de nosso senão o tempo, onde vive aquele que não tem onde morar. Igual infelicidade é gastar a preciosa vida em tarefas mecânicas, em vez de aquelas que elevam o espírito. Não se encarregue de ocupações ou problemas: assim atropela-se o viver, afoga-se o ânimo. Alguns o estendem ao saber, mas não se vive se não se sabe.

248. ***Que não lhe guiem as novas***. Há homens que guiam-se pelas últimas informações, seguindo o extremo da impertinência. Têm o sentir e o querer de cera: o último sela e apaga os demais; e nunca vencem, pois perdem-se com facilidade — cada um os tinge com sua própria cor. São péssimos confidentes, crianças por toda a vida, e assim, com juízos e afetos vacilantes, andam sem firmeza, coxos de vontade e de opiniões, inclinando-se sempre ao outro lado.

249. ***Não começar a viver por onde deve terminar***. Alguns a princípio descansam e deixam a fadiga para o fim: primeiro deve vir o essencial, e depois, se houver tempo, o acessório. Alguns querem triunfar antes da batalha. Alguns começam pelo que menos importa, e os estudos úteis e de valor ficam para quando sua vida se encerra. Sequer começara a fazer sua fortuna, desvanece. O método é essencial para saber e poder viver.

250. ***Quando expor a opinião contrária?*** Quando lhe falam com malícia. Com alguns homens tudo há de ser o contrário: o sim é não, o não, sim — maldizer algo é estimá-lo, pois assim o tem para si e descredita aos olhos dos outros. Nem todo elogio é bendizer,

pois alguns, sem elogiar os bons, elogiam também os maus; para quem ninguém é mal, ninguém será bom.

251. ***Buscar-se os meios humanos como se não houvesse os divinos, e os divinos como se não houvesse os humanos***: é a regra de um grande mestre,[1] não há o que acrescentar.

252. ***Nem tudo a si, nem tudo aos outros***. Eis uma tirania vulgar de quem só ama a si mesmo: logo querem também ter posse sobre todas as coisas. Não sabem ceder, não querem perder o mínimo de sua comodidade. Não se comprometem, fiam-se de sua fortuna e costumam falsear os seus ganhos. Convém comprometer-se com os outros para que comprometam-se consigo, e aquele que tem empregos públicos é escravo do público, ou "se renuncias ao cargo, renuncias à carga", diria a velha a Adriano. Outros, ao contrário, são todo alheios, pois a tolice sempre chega em demasia — aqui, o infeliz não tem uma só hora do dia para si, tao excessiva a sua dedicação aos outros, que põem-lhe o epíteto "o de todos". Também no entendimento: a todos sabem, a

---

[1] Santo Inácio de Loyola — NE.

si, ignoram. Entenda o atento que ninguém procura-lhe tão-somente, mas sim o seu interesse nele, e através dele.

253. *Não explique suas idéias tão claramente*. A maioria não estima o que compreende, e o que não entendem, venera. Para que se estimem, as coisas devem custar: será venerado quando incompreendido. Sempre deve-se mostrar mais sábio e prudente do que aquele com quem se fala, mas não excessivamente — com os entendidos vale muito juízo em tudo, e com os demais, o obstáculo: não se deve dar lugar à censura, mas ocupá-los no entender. Muitos elogiam o que não podem explicar, pois que todo o recôndito veneram pelo mistério, celebram porque o vêem celebrar.

254. *Não desprezar o mal por pequeno que seja*, pois nunca vem desacompanhado: andam lado a lado, assim como as alegrias. Vão a bênção e o pesar onde já os há, pois todos fogem do desventurado rumo ao venturoso — até mesmo as pombas, simples como são, vão aonde está o pão. Tudo falta a um desgraçado: ele próprio falta a si mesmo, a razão, o caminho. Não se deve despertar o infortúnio quando dorme: um erro

pode ser pouco, mas não se sabe onde vai dar. Assim como nenhum bem é de todo cumprido, nenhum mal é totalmente concluído. Para o que vem dos céus, paciência; com o que vem do chão, prudência.

255. *Fazer o bem, pouco, e muitas vezes*. Nunca se esforce mais que o necessário. Quem muito dá não dá, vende. Oferecer muito faz crescer o agradecimento, que, sendo impossível de retribuir, passa a dever. Para perder muitos amigos, faz que lhe devam em demasia. Por não pagar, afastam-se, e de gratos tornam-se desafetos. A escultura nunca quererá diante de si o escultor que a entalhou, tampouco o ajudado quer ver seu benfeitor. Grande sutileza a de dar: que custe pouco, deseje-se muito e que se estime mais.

256. *Prevenir-se contra os grosseiros, vaidosos, obstinados, e todo tipo de tolos*. Encontram-se muitos, e é sábio não encontrar-se com eles. A cada dia, vista-se dos propósitos que merecem a sua atenção e assim vencerá os obstáculos da estupidez. Dedique-se ao caso e não exponha-se ao questionamento de sua reputação: o homem prevenido e sensato não será derrubado pela impertinência. É dificultoso o caminho do trato humano, está repleto de escolhos

do descrédito — seguro é desviar, segundo a astúcia de Ulisses. O artificioso deslize vale muito. Sobretudo, aja com cavalheirismo, único atalho dos esforços.

257. **Nunca romper totalmente**, pois do rompimento sempre sai abalada a reputação. Qualquer um vale para inimigo, poucos para amigos. São raros os que fazem o bem, quase todos o mal. Não se aninha protegida a águia no seio de Júpiter no dia em que rompeu com o escaravelho. Com a partida do declarado os dissimulados atiçam o fogo, à espera da ocasião: dos amigos rejeitados saem os piores inimigos, carregam os defeitos alheios junto ao seu rancor. Todos sofrem dos piores defeitos: da falta de princípios, da falta de recursos, de não saber o que buscam e, sobretudo, da necessidade de sensatez. Se o desvio é inevitável, seja razoável: melhor diminuir os favores do que arrancá-los violentamente; nesse caso, bem cabe a boa retirada.

258. **Buscar quem o ajude a afastar infelicidades**. Nunca seja só, menos ainda nos perigos, que seria ficar com todo o ódio. Alguns preferem enfrentar todos os poderes e estar sujeitos a toda murmuração. Neste caso, melhor ter quem perdoe seus equívocos e ajude a compartilhar as dores. Não se atrevem tão

facilmente no ataque a dois, nem a fortuna, nem a vulgaridade, e por isso o médico sagaz, que já errou a cura, não hesita em buscar a quem o ajude a carregar o ataúde: divide-se o peso e o pesar, que sozinha a desgraça dobra seu peso intolerável.

259. *Prever as injúrias e virá-las a seu favor*. Mais inteligente evitá-las do que vingar-se. É grande habilidade fazer confidente o rival, transformar em aliados os que lhe apontavam as armas. Muito vale saber comprometer-se: não tem razão para lhe fazer mal aquele que lhe deve agradecer, e é sabedoria do viver transformar o pesar em prazer: faça-se confidência da mesma malevolência.

260. *Não seja tudo para alguém, não seja alguém tudo para si*. Não bastam o sangue e a amizade, nem a obrigação mais premente ou os mais sólidos deveres para fazer alguém dependente de outrem. É grande a diferença entre entregar o afeto e a vontade. A maior união admite exceção; e nem por isso se ofendem as leis da delicadeza. O amigo sempre reserva-se a si um segredo, e o próprio filho oculta algo de seu pai; há coisas que se dizem a uns e não a outros, e vice-versa, deve-se então distinguir em cada caso a quem dar e a quem negar.

261. **Não persistir nas tolices.** Alguns insistem no desacerto, e por errarem desde o começo, parece-lhes o melhor prosseguir. Por dentro, acusam o próprio erro, por fora o justificam; assim, se ao iniciar a tolice não a interromperam, ao perpetuá-la confirmam-se néscios. Nem a promessa impulsiva, nem a resolução errada induzem a obrigação. Desta sorte alguns continuam com sua primeira grosseria, e levam adiante a sua pequenez — querem mesmo ser constantemente impertinentes.

262. **Saber esquecer.** As coisas que mais devem ser esquecidas são as mais lembradas: não é só vã a memória para faltar quando é mais necessária, é mais tola para ajudar quando não é chamada: no que há de dar pena, é prolixa, no que daria gosto, descuidada. Às vezes o remédio para o mal é esquecê-lo, e esquecer o remédio; convém, pois, dominar os costumes da memória — não estar à mercê de sua felicidade ou inferno. Sejamos como os satisfeitos, e no estado de nossa inocência gozemos de seu simples contentamento.

263. **Desfruta-se mais do que se gosta quando não o possui.** Mais se aproveita das coisas alheias do que

próprias: o primeiro dia é bom para o dono, os demais, para os estranhos. Aproveitamos as coisas alheias com dobrada fruição; isto é, sem o risco do dano, e com o gosto da novidade, é ainda melhor a privação — até a água alheia sabe a néctar. Ter as coisas, além de diminuir seu proveito, aumenta a contrariedade tanto de emprestá-las como de não as emprestar. Não serve senão para o proveito dos outros, e são mais os inimigos que as cobram do que os agradecidos.

264. ***Não tenha dias de descuido***, que à sorte lhe apraz a burla, e passará por todos os obstáculos para pegá-lo desprevenido. Sempre estarão à prova o esforço, a sensatez e o valor, até mesmo a beleza, pois o dia de sua confiança será o dia de seu descrédito. Quanto mais for necessário faltará o cuidado, pois não pensar é a armadilha do perecer. Também costuma ser armadilha da intenção alheia tomar o descuido das perfeições para a rigorosa apreciação e exame. Ela já sabe os seus dias de ostentação e perdoa-lhes a astúcia; porém, no dia menos esperado, se aproxima para pôr à prova o seu valor.

265. ***Saber motivar os dependentes***. Um esforço na ocasião certa fez de muitos pessoas melhores, assim

como um afogamento faz novos nadadores: com isso descobrem muitos o próprio valor, valor que lhes ficaria sepultado em seu encolhimento não fosse tal oportunidade. São os apuros incidentes que trazem reputação, e quando o nobre sabe que se joga com a sua honra, reage com a força de mil homens. Conheceu a profundidade desta lição a rainha católica Isabel e todas as demais; e a este favor político deve o Grande Capitão[2] o seu renome e a muitos outros a sua eterna fama. Grandes homens fez nascer tal sutileza.

266. **Não seja mau de tão bom.** Eis aquele que nunca se aborrece — têm pouco de pessoa os insensíveis. Não nascem sempre da indolência, senão da incapacidade. Deve-se manifestar sentimentos em certas ocasiões, ou burlam-se logo as aves da aparência de tais espantalhos. Às vezes, ser doce, outras, amargo — é uma prova de bom gosto, pois a doçura tão-somente é das crianças e dos tolos. Grande mal é perder-se na pura bondade em meio a esse oceano de insensibilidade.

267. **Palavras de seda, conduta suave.** Atravessam o corpo as chagas, mas as más palavras cortam a alma.

---

[2] Gonzalo Fernández de Córdoba y Aguilar (1453–1515) — NE.

Uma boa massa faz cheirar bem a boca. Grande sutileza do viver saber vender o que vem do ar. O restante paga-se com palavras, e bastam elas para lograr uma impossibilidade. Negocia-se ar com ar, palavra com palavra, e assim se refresca o hálito soberano. Tenha sempre a boca cheia de mel para adoçar as palavras, para que saiam bem mesmo aos inimigos: eis a única maneira de mostrar-se amável e ameno.

268. *O sensato faz no princípio o que o tolo deixa para o fim*. Os dois fazem o mesmo, cada um a seu tempo — aquele com consciência, este, sem ela. Quem calça no início a compreensão às avessas prossegue desse modo em todo o restante: leva entre os pés o que deveria estar sobre a cabeça; da destra faz canhota e assim tudo confunde em seu proceder. Fazem por força o que podiam fazer de bom grado, mas o discreto logo vê o que terá de fazer, cedo ou tarde, e o cumpre com gosto e reputação.

269. *Valha-se da novidade*, que enquanto for novo, será estimado. A variedade, porém, é melhor que a novidade em todas as partes; refresca o gosto e estima mais uma leve mudança do que uma ruptura extrema dos costumes. Tocam as eminências e vêem

a envelhecer: durará pouco a glória da novidade — em quatro dias perde-se o respeito. Saiba, pois, valer-se dessas novidades leves que lhe trarão estima. As coisas agradáveis são fugazes e deve-se aproveitá-las para obter o que se deseja, pois o calor da novidade passa, faz esfriar a paixão e a satisfação transforma-se novamente em enfado pelo costume. Tudo também teve a sua vez, e passa.

270. **Não condenar sozinho o que a muitos agrada**. Há algo de bom no que agrada a tantos, e, ainda que não tenha explicação, traz satisfação. A singularidade é sempre odiosa, e, quando é errônea, ridícula aos olhos dos demais. Antes o descrédito cairá sobre o seu conceito do que sobre o objeto; deixando-o a sós com o seu mal gosto. Se não lhe é possível enxergar o que há de bom, dissimule a má-vontade e não condene-se ao ridículo, pois o mal gosto freqüentemente nasce da ignorância. Pense que o que todos dizem é o que querem ser.

271. **Aquele que pouco sabe siga sempre o que for mais seguro** — ainda que não o qualifiquem como engenhoso, que o tenham como fundamental. Aquele que domina o saber pode deixar a mente

voar criativamente ao seu bel-prazer, porém, se pouco sabe e se arrisca, corre rumo ao precipício. Siga sempre por sua mão direita, sem passar o convencional, ou falhará. Se é pouco o saber, vá pelo caminho real. Esta lei vale ouro, tanto sabê-la quanto ignorá-la — é mais sábia a segurança do que a originalidade.

272. ***Vender a preço de cortesia***, que é comprometer mais. Assim, mais que o objeto, compra-se o afeto. A cortesia não dá, mas empenha, e é a cortesia a maior obrigação. Não há nada mais caro ao homem de bem do que aquilo que se dá; é vendê-lo duas vezes e a dois preços: o do valor e o da cortesia. É verdade que para o homem ruim a cortesia é mera verborragia, pois que ele não compreende os termos do bom termo.

273. ***Compreensão dos gênios com os quais se trata***. Para conhecer-lhes as intenções. Bem conhecida a causa, conhece-se o efeito — antes nela própria, depois em suas razões. O melancólico sempre nutre infelicidades, o maledicente, culpas; todo o mal se lhes apresenta, e, sem perceber o bem presente, anunciam o possível mal. O apaixonado sempre fala com uma linguagem diferente de como as coisas são: fala nele a paixão, não a razão, e cada um segundo seu afeto

ou seu humor; todos muito distantes da verdade. Saiba decifrar um semblante e a alma com seus sinais; identifique aquele que sempre ri por falto e aquele que nunca, por falso; afaste-se dos perguntadores, às vezes superficiais, outras, impertinentes; espere pouco bem de maus gestos, que costumam vingar-se da natureza — assim como ela foi mesquinha com eles, serão mesquinhos com ela. É tamanha a tolice quanto for a formosura.

274. *Cultive a atração, um feitiço politicamente cortês*. O cavalheirismo mais serve para atrair vontades do que utilidades, ou para tudo. Não bastam méritos se não se sabe agradar — é este o mais notável e sedutor instrumento da nobreza da alma. O mais prático instrumento da soberania. Cair em graça é uma sorte, valer-se bem dos artifícios da cortesia é artifício, e onde há grandeza natural chega melhor a artificial: daqui origina-se a pia afeição, até chegar à graça universal.

275. *Corrente, mas não indecente*. Não se mostre todo o tempo sério e carrancudo; é preciso ceder no decoro para ganhar a afeição comum — passe às vezes por onde passam os mais, mas sem indecências, pois quem é considerado tolo em público não será considerado sério em segredo. Perde-se mais em um dia de extravagâncias do que se ganhou toda a seriedade — não se deve viver de exceções. O ser singular condena os demais; e não se deve cultivar melindres — a cada gênero o que é seu, e mesmo a delicadeza espiritual é ridícula. A mulher pode, em certos momentos, parecer vigorosa, mas o homem nunca deve expor delicadeza.

276. **Renove o gênio com a natureza e a arte**. De sete em sete anos muda-se a condição — seja para melhorar ou realçar o gosto. Nos primeiros sete anos entra a razão, e depois a cada lustro uma nova perfeição. Observe essa variação natural para ajudá-la, e espere também dos outros a sua melhora. Muitos mudaram seu comportamento, seu estado ou seu ofício; e às vezes não se nota a mudança até que ela salta aos olhos. Aos vinte anos o homem será um pavão; aos trinta, leão; aos quarenta, camelo; aos cinqüenta, serpente; aos sessenta um cão; aos setenta um boneco e, aos oitenta, nada.

277. **Homem de ostentação**. É o reflexo das virtudes. Cada uma a sua vez: aproveite, não serão todos os

dias os dias de seu triunfo. Há sujeitos graciosos nos quais o pouco brilha muito e o muito faz-se admirar. Quando a ostentação junta-se com a excelência, eis o prodígio. Há nações ostentosas — a espanhola o é, com superioridade. A luz dá brilho a tudo o que cria, de modo que tudo o que existe ostenta a luz que tem. O Céu, que dá a perfeição, previne que é violenta a ostentação de qualquer coisa isolada: é preciso habilidade no ostentar. Mesmo o que é excelente depende de certas circunstâncias e não têm sempre vez. Sai mal a ostentação quando lhe falta a arte: nenhum realce pede ser menos afetado e perece sempre dessa desatenção, pois está muito próximo da vaidade, e esta, do desprezo. Deve ser moderada para não ser vulgar, e entre os sábios cai em descrédito a sua demasia. Consiste às vezes mais em muda eloqüência, em demonstrar perfeito descuido: que o sábio dissímulo é o mais plausível alarde, pois aquela privação atiça ao mais vivo a curiosidade. Grande destreza não revelar de uma vez toda a perfeição, mas pintá-la como feiticeira, sempre adiantada. Que um realce seja o empenho de outro maior, e o aplauso do primeiro uma nova esperança aos demais.

278. **Não fazer-se notar em tudo**, pois, em tudo sendo notado, as falhas terão o mesmo destaque. Isso

nasce da singularidade, que foi sempre censurada, fica sozinho o singular. Até o belo sobressair-se é descrédito; fazendo-se reparar, ofende, mais ainda às singularidades diminutas. Mas nos mesmos vícios querem alguns ser conhecidos, buscando novidade na maldade para obter tão infame fama. Mesmo ao sábio, o exagero degenera em palavrório.

279. **Não dizer ao contradizer**. É necessário diferenciar quando age por astúcia ou vulgaridade. Nem sempre é porfia, pode ser o artifício. Atenção, pois, a não empenhar-se na primeira, tampouco abandonar a outra. Não há cuidado mais urgente do que o que espia, e contra o ataque dos ânimos não há melhor contra-astúcia que deixar por dentro a chave do recato.

280. **Homem de lei**. Está acabado o bom procedimento; andam desmentidas as obrigações, há poucas boas correspondências, ao melhor serviço a pior recompensa: assim o fazem todos. Há nações inteiras inclinadas aos maus-tratos: de algumas teme-se sempre a traição, de outras, a inconstância, de outras, o engano. Que o mau exemplo alheio sirva, pois, não à imitação, mas à cautela. É um risco de desfazer-se a integridade

a visão do mau proceder. O varão de lei, porém, nunca se esquece de quem é ao ver o que os outros são.

281. **Ganhe a graça dos sábios.** Mais se estima um tíbio "sim" de um varão singular que todo o aplauso comum; pois a brisa nas velas fracas não move o barco. Os sábios falam com a razão, e assim seus elogios despertam total satisfação. O sensato Antígono reduziu todo o público do teatro à opinião de Zenão, e Platão chamava Aristóteles de toda a sua escola. Alguns ocupam-se apenas a encher o estômago, ainda que seja do mau alimento. Até os soberanos são necessários aos que escrevem, e temem mais suas plumas do que as feias os pincéis.

282. **Usar da ausência**, ou para ser respeitado, ou para ser estimado. Se a presença diminui a fama, a ausência a aumenta. Aquele que, ausente, foi tido como um leão, presente é uma ridícula decepção. As virtudes opacam-se ao exibir-se, pois vê-se apenas a aparência exterior e não a própria substância do ânimo. Adianta-se mais a imaginação do que a visão, e o engano, que em geral entra pelo ouvido, vem a sair pelos olhos. Aquele que se mantém no centro de sua opinião conserva a própria reputação. Até mesmo

a Fênix se vale do retiro para o decoro e do desejo para o apreço.

283. ***Inventividade e bom-senso***. Alguns criticam os excessos dos criadores, mas pode haver criação sem um grão de loucura? A invenção é coisa dos engenhosos; as boas escolhas, dos prudentes. É também uma graça, e ainda mais rara, pois que escolher bem conseguiram muitos; criar bem, poucos, e os primeiros em excelência e a tempo. A novidade é lisonjeira, e se é feliz, realça o que é bom duas vezes. Nos assuntos do juízo o criador é perigoso, pois é sua virtude ir contra o habitual. O homem sensato, por outro lado, é acertado. Ambos são plausíveis — um inventa, outro decide.

284. ***Não seja intrometido e não será ofendido***. Estime-se, se quiser que lhe estimem. Seja antes avaro do que esbanjador de si mesmo. Chegue quando for aguardado e seja bem-recebido. Nunca apareça sem ser chamado, e não vá sem ter sido enviado. Aquele que se mete em disputas alheias por seu critério, de quem sai mal, atrai o ódio, de quem sai bem, não obtém agradecimentos. É o indiscreto terreno de

desprezo, por se apresentar sem cerimônia em algo que não é seu.

285. **Não perecer da desgraça alheia**. Conheça quem está no lodo e perceba que reclamará para consolar-se do mal recíproco. Buscam quem os ajude a superar o infortúnio, e os que lhe deram as costas na prosperidade agora lhe pedem a mão. É preciso ter atenção com os que se afogam, para dar uma solução sem afogar-se junto.

286. **Não se comprometa com tudo**, nem com todos, pois seria um escravo comum. Alguns nasceram mais afortunados que outros: alguns para fazer o bem e outros para desfrutá-lo. Mais preciosa é a liberdade do que os bens — estes se perdem. É melhor que muitos dependam dele que depender ele mesmo de alguém. De nada serve poder mandar senão poder fazer o bem. Sobretudo, não tenha como um favor a obrigação a que se comprometa, pois às vezes serás vítima de tal confusão da astúcia alheia.

287. **Nunca agir apaixonado**: tudo sairá errado. Não deve agir por si quem não está em si, e a paixão sempre exila a razão. Valha-se então de um terceiro

prudente para desapaixoná-lo. Sempre vêem mais os que observam do que os que jogam, pois aqueles não se apaixonam. Ao perceber-se alterado, retome o juízo para que não entre em ebulição o seu sangue, deixando tudo ensangüentado: em um segundo pode tornar-se assunto do murmúrio alheio e viver muitos dias de confusão pessoal.

288. *Viver a ocasião*. Governar, argumentar, cada coisa em seu lugar. Queira quando se pode, que a oportunidade e o tempo não esperam ninguém. Não viva de teorias, pois o afastarão das virtudes, e nem aplique leis exigentes ao amor, pois amanhã há de beber a água que hoje despreza. Há alguns tão impertinentes que pretendem que todas as circunstâncias se ajustem a seus caprichos, e não o contrário. O sábio, no entanto, sabe que o norte da prudência consiste em comportar-se de acordo com a ocasião.

289. **O maior descuido de um homem é demonstrar que é homem**; deixam de tê-lo por divino no dia em que o vêem demasiado humano. A leviandade é o maior veneno da reputação. Assim como o varão circunspecto é considerado mais homem, o leviano

é considerado menos que homem. Não há vício que mais desautorize, pois a leviandade opõe-se frente a frente com a gravidade. O homem leviano não tem substância, mais ainda se é ancião, pois a sensatez lhe é obrigatória. Ainda que seja um descuido comum, não deixa de estar desautorizado.

290. *É felicidade unir apreço e afeto*; não ser muito amado para conservar o respeito. Mais atrevido é o amor do que o ódio; afeição e veneração não se juntam bem. E, ainda que não seja um muito temido, nem muito querido, o amor introduz a intimidade, e quando esta entra, escapa a admiração. Seja amado antes por apreço que por afeto, pois esse é o amor dos grandes homens.

291. *Saiba fazer tentativas*. Combinam a atenção do ajuizado com a ponderação do recatado. É necessário grande juízo para mensurar as palavras. Tão importante conhecer os gênios e as propriedades das pessoas como as ervas e pedras por onde se caminha. É uma das mais sutis ações da vida; pelo som conhecem-se os metais, pela fala, as pessoas. As palavras mostram a integridade, mas mais ainda as obras. É mister manter

sempre em dia: a observação profunda, a avaliação sensível e a prudente sensatez.

292. ***Que o respeitem pelas virtudes, não pelo cargo***. E nunca o contrário. Por mais alto que seja o posto, maiores devem ser as virtudes. Com a ostentação do posto que ocupa aumentarão seus admiradores, e a adulação lhe preencherá o coração, se pequena for a alma; e uma falha custa-lhe o emprego e a admiração. Perceba que Augusto era maior homem que príncipe: aqui vale a grandeza de alma, a confiança nas virtudes deve ser maior que a hierarquia que se ocupa.

293. ***Da maturidade***. Resplandece na aparência, ainda mais nos costumes. A gravidade material torna o ouro precioso, e a moral a pessoa; é a dignidade das virtudes, causando veneração. A compostura do homem é o espelho de sua alma, e o homem maduro tem a atitude tranqüila que inspira respeito e autoridade, diferentemente do tolo, que contorce o rosto para fingir seriedade. Fala em claras sentenças, age por nobres acertos. Supõem um homem feito a personalidade e a maturidade, e deixando de ser um menino passa a ser grave e ter autoridade.

294. ***Moderação nos sentimentos.*** Cada um concebe as coisas segundo a própria conveniência, e depois busca razões para fundamentar as suas concepções. Cedem as opiniões aos afetos. Ao encontrarem-se duas pessoas de opiniões contrárias cada uma presume a própria razão. A razão, porém, não está em dois lugares ao mesmo tempo. Proceda o sábio com reflexão em tão delicado assunto, e assim o receio próprio reformará a qualificação do proceder alheio. Ponha-se no lugar dele; examine os argumentos ao contrário: com isso, não o condenará, e não se justificará às cegas.

295. ***Mais fazer do que falar.*** Muitos dos que se gabam são os que pouco têm. Por tudo o que fazem querem glória. Camaleões em busca de aplausos, levando todos ao riso. A vaidade sempre traz o enfado e o riso: mendigam façanhas as formiguinhas da honra. Não divulgue as suas maiores excelências. Contente-se em fazer, deixe o dizer para os outros. Ofereça as façanhas, não as venda. Tampouco seja o tolo que oferece plumas de ouro para que escrevam lodo, enojando a sensatez. Aspire antes ser heróico do que apenas parecê-lo.

296. **_Homem de virtudes e majestade_**. As virtudes elevadas fazem os homens grandes — apenas uma destas vale por todas as medianas. Há quem deseje que tudo lhe seja grande, inclusive as jóias, entretanto o grande homem deve aspirar às grandezas não do corpo, senão da alma! Em Deus tudo é infinito, tudo imenso. Também num herói deve ser tudo majestoso, de modo que todas as suas ações e razões sejam revestidas de uma grandeza transcendente.

297. **_Comportar-se como se o observassem_**. O homem cauteloso vê o que veriam se o vissem. Sabe que as paredes têm ouvidos, que o mal as derruba para sair. Mesmo quando a sós, age como à vista de todos, pois saiba que tudo será conhecido: observe como testemunhas agora aqueles que o serão depois, por notícia. Não receia que vejam de fora a sua casa aquele que desejava que todos a vissem.

298. **_Três coisas fazem um prodígio_** e são o dom máximo da suma liberdade: talento fecundo, juízo profundo e gosto jucundo. Grande vantagem é bem conceber, maior ainda é bem discorrer e bem compreender. O engenho deve estar mais na mente do que no corpo. Pensar bem é o fruto da racionalidade.

Aos vinte anos reina a vontade; aos trinta, o engenho; aos quarenta, o juízo. Há compreensões que jorram luz, olhos do lince, e quanto maior a escuridão, mais conjecturam; há de ocasião, que despertam a imaginação inventiva. A boa atenção para diferenciar uma e outra e reagir bem traz felicidade à vida.

299. **Deixar querendo mais.** Deve-se deixar nos lábios apenas um pouco do néctar. O desejo é medida de estima. Mesmo a simples sede material deve-se aplacar pouco a pouco, sem satisfazer-se plenamente. O bom, se pouco, é duas vezes bom. É grande o apreço da segunda vez: excessos de agrado são perigosos, atraem desprezo à mais eterna eminência. Única regra do aprazer: provocar o apetite com a fome que ficou. Se houver contenda, que seja pela impaciência do desejo, e não pelo enfado da fruição. Desfruta-se duas vezes mais da felicidade duramente alcançada.

300. **Em uma palavra, santo**, que é dizer tudo de uma só vez. A virtude é a cadeia de todas as perfeições, centro das felicidades. Faz um sujeito prudente, atento, sagaz, sensato, corajoso, comedido, íntegro, feliz, agradável, verdadeiro — herói universal. Três "esses" fazem o venturoso: santo, são e sábio. A virtude é o Sol

deste mundo terreno, sua Lua é a boa consciência. É tão bela que conduz à graça de Deus e dos homens. Não há nada mais adorável do que a virtude, nem mais odioso que o vício. A virtude é verdadeira, todo o resto é engano. A capacidade e a grandeza devem ser medidas pela virtude, não pela fortuna. Sozinha, basta-se a si mesma: vivo o homem, torna-o amável; morto, memorável.

FICHA CATALOGRÁFICA

Gracián, Baltasar.
　　A arte da prudência: oráculo de bolso / Baltasar Gracián; tradução de Juliana Amato — Campinas, SP: Editora Auster, 2020.
　　Título original: *Oráculo manual y arte de prudencia* — sacada de los aforismos que se discurren en las obras de Gracián

ISBN: 978-65-87408-02-6

1. Auto-ajuda 2. Prudência 3. Moral e caráter
I. Título II. Autor

CDD 158-1 / 179-9 / 649-7

Índices para catálogo sistemático:
　　1. Auto-ajuda – 158-1
　　2. Prudência – 179-9
　　3. Moral e caráter – 649-7

Este livro foi composto em Bembo Std
e impresso pela Daiko Gráfica
em papel *chambril avena* para a Editora Auster,
em julho de 2020.